T0061938

La crisis de la narración

Byung-Chul Han

La crisis de la narración

Traducción de
Alberto Ciria

herder

Título original: Die Krise der Narration
Traducción: Alberto Ciria
Diseño de la cubierta: Ferran Fernández

© *2023, Matthes & Seitz Berlin Verlag, Berlín*
© *2023, Herder Editorial, S. L., Barcelona*

ISBN: 978-84-254-5043-3

Imprenta: Liberdúplex
Depósito legal: B-10827-2023
Printed in Spain - Impreso en España

herder

ÍNDICE

¡Silencio, se narra!
Tengamos, por favor, un poco
de paciencia para narrar.
¡Y que luego la narración nos haga pacientes!
PETER HANDKE

Prólogo

Hoy todo el mundo habla de narrativas. Lo paradójico es que el uso inflacionario de las narrativas pone de manifiesto una crisis de la narración misma. Está haciendo furor la moda del *storytelling,* que es el arte de narrar historias como estrategia para transmitir mensajes emocionalmente, pero lo que hay tras esa aparatosa moda es un vacío narrativo, que se manifiesta como desorientación y carencia de sentido. Ni el *storytelling* ni el giro a lo narrativo harán que *regrese la narración.* Que un paradigma se tematice expresamente, o que incluso acabe convirtiéndose en tema favorito de investigación, presupone ya una *profunda alienación.* La clamorosa demanda de narrativas denota que en ellas se produce una *disfunción.*

En los tiempos en los que las narraciones nos acomodaban en el *ser,* es decir, cuando ellas nos asignaban un *lugar* y hacían que *estar en el mundo* fuera para nosotros como *estar en casa,* porque daban sentido a la vida y le brindaban sostén y orientación, o sea, cuando la vida misma era una *narración,* no se hablaba de *storytelling* ni de narrativas. Se hace un uso inflacionario de estos conceptos precisamente cuando las narraciones han perdido su fuerza original, su gravitación, su misterio y hasta su magia. Una vez que las hemos calado en su *artificiosidad,* pierden su *verdad intrínseca.* Entonces pasamos a percibirlas como contingentes, intercambiables y modificables. Dejan de ser vinculantes para nosotros y pierden su fuerza conectiva. Ya no nos asientan en el *ser.* Pese a las exageradas expectativas que hoy se generan en torno a la narrativa, lo cierto es que vivimos en una *era posnarrativa.* La conciencia narrativa, que se basa en una estructura presuntamente narrativa del cerebro humano, solo es posible en un tiempo posnarrativo, es decir, fuera del alcance de la *fuerza de fascinación que ejerce la narración.*

La religión es una narración característica, con una verdad intrínseca. Con su manera de *narrar,* nos *salva* de la contingencia. La religión cristiana es una metanarración, que no omite ningún rincón de la vida y la fundamenta en el ser. El tiempo mismo cobra un sentido narrativo. El calendario cristiano hace que cada día tenga su sentido. En la era posnarrativa, el calendario pierde su carácter narrativo y se convierte en una agenda vaciada de sentido. Las festividades religiosas son los clímax y los apogeos de una narración. Sin narración no hay fiesta ni tiempo festivo, no hay sentimiento de festividad, vivida como una intensa sensación de ser; no hay más que trabajo y tiempo libre, producción y consumo. En la era posnarrativa, las fiestas se comercializan como acontecimientos y espectáculos. También los rituales son prácticas narrativas. Se integran siempre en un contexto narrativo. Como técnicas simbólicas de instalación en un hogar, hacen que *estar en el mundo* sea como *estar en casa*.

Las narraciones capaces de transformar el mundo y de descubrir en él nuevas dimensiones nunca las crea a voluntad una sola persona. Su surgimiento obedece más bien a un proceso complejo, en el que participan diversas fuerzas y distintos actores. En definitiva, son la *expresión del modo de sentir de una época*. Estas narraciones, con su *verdad intrínseca,* son lo contrario de las narrativas aligeradas, intercambiables y devenidas contingentes, es decir, de las micronarrativas del presente, que carecen de toda *gravitación* y de toda *pretensión de verdad*.

La narración es una *forma conclusiva*. Constituye un orden *cerrado,* que da sentido y proporciona identidad. En la Modernidad tardía, que se caracteriza por la apertura y la eliminación de fronteras, se van suprimiendo cada vez más las formas de cerrar y de concluir. Pero, al mismo tiempo, en vista de una permisividad cada vez mayor, aumenta la necesidad de narrativas como formas conclusivas. A esta necesidad obedecen las narrativas de los populismos, los nacionalismos, las extremas derechas y los tribalismos, incluidas las narrativas conspiranoicas. Esas narrativas se toman como *ofertas de sentido e identidad*. Sin embargo, en la era posnarrativa, cuando cada vez es mayor la experiencia de que todo es contingente, las narrativas no desarrollan ninguna vigorosa fuerza de cohesión.

Las narraciones son generadoras de comunidad. El *storytelling*, por el contrario, solo crea *communities*. La *community* es la comunidad en forma de mercancía. Consta de consumidores. Ningún *storytelling* podrá volver a encender un fuego de campamento, en torno del cual se congreguen personas para contarse historias. Hace tiempo que se apagó el fuego de campamento. Lo reemplaza la pantalla digital, que aísla a las personas, convirtiéndolas en consumidores. Los consumidores son solitarios. No conforman ninguna comunidad. Ni siquiera las *stories* o *historias* que se publican en las plataformas sociales pueden subsanar el vacío narrativo. No son más que autorretratos pornográficos o autoexhibiciones, una manera de hacer publicidad de sí mismos. Postear, darle al botón de «me gusta» y compartir son prácticas consumistas que agravan la crisis narrativa.

El capitalismo recurre al *storytelling* para adueñarse de la narración. La somete al consumo. El *storytelling* produce narraciones listas para consumir. Se recurre a él para que los productos vengan asociados con emociones. Prometen experiencias especiales. Así es como compramos, vendemos y consumimos narrativas y emociones. *Stories sell*, las *historias* venden. *Storytelling* es *storyselling*, contar *historias* es venderlas.

Narración e información son fuerzas contrarias. La información agrava la experiencia de que todo es contingente, mientras que la narración atenúa esa experiencia, convirtiendo lo azaroso en necesario.

La información carece de *firmeza ontológica*. Niklas Luhmann lo dice así de clarividentemente: «Su cosmología [de la información] no es la del ser, sino la de la contingencia».[1] *Ser* e *información* se excluyen. A la sociedad de la información es inherente una *carencia de ser,* un *olvido del ser*. La información es aditiva y acumulativa. No transmite sentido, mientras que la narración está cargada de él. Sentido significa originalmente dirección. Así pues, hoy estamos más informados que nunca, pero andamos totalmente desorientados. Además, la información trocea el tiempo y lo reduce a una mera sucesión de instantes presentes. La narración, por el contrario, genera un continuo temporal, es decir, una *historia*.

Por un lado, la informatización de la sociedad acelera la pérdida de su carácter narrativo. Por otro lado, en pleno tsunami informativo surge la necesidad de sentido, identidad y orientación, es decir, la necesidad de *despejar el espeso bosque de la información, en el que corremos riesgo de extraviarnos*. En definitiva, la actual marea de narrativas efímeras, incluyendo las teorías conspirativas, y el tsunami informativo son dos caras de la misma moneda. En pleno piélago de informaciones y de datos, buscamos *anclajes narrativos*.

En nuestra vida diaria hoy cada vez nos contamos menos historias. La comunicación como

1 Niklas Luhmann, *Entscheidungen in der «Informationsgesellschaft»*, https://www.fen.ch/texte/gast_luhmann_informationsgesellschaft.htm [último acceso: 12-03-2023].

intercambio de informaciones paraliza la narración de historias. De igual modo, en las plataformas sociales apenas se cuentan ya historias. Las historias, al fomentar la capacidad de empatía, crean vínculos entre las personas. Generan una comunidad. En la época del *smartphone,* la pérdida de empatía es una elocuente señal de que ese aparato no es un medio para narrar. Ya su dispositivo técnico dificulta contar historias. Teclear o deslizar el dedo no son gestos narrativos. El *smartphone* solo permite un intercambio acelerado de información. Además, para narrar hace falta que se escuche atentamente y se preste una atención concentrada. La comunidad narrativa es una comunidad de personas que escuchan con atención. Pero es evidente que estamos perdiendo la paciencia para escuchar con atención, e incluso la paciencia para narrar.

Precisamente cuando todo se ha vuelto tan arbitrario, tan evanescente y contingente, cuando lo que aglutina, lo que crea lazos y lo vinculante se desvanece tan rápidamente, es decir, en pleno temporal actual de contingencia, el *storytelling* se hace oír con fuerza. La inflación de las narrativas denota una honda necesidad de subsanar la contingencia. Pero el *storytelling* no es capaz de hacer que la sociedad de la información, que está desorientada y vaciada de sentido, vuelva a transformarse en una sociedad narrativa estable. Más bien representa un síntoma patológico del presente. Esta crisis narrativa tiene largos antecedentes. El presente ensayo los investiga.

De la narración a la información

Hippolyte de Villemessant, el fundador del diario francés *Le Figaro,* ilustra así en qué consiste esencialmente la información: «A mis lectores les importa más si arde una techumbre en el Barrio Latino que si estalla una revolución en Madrid». Para Walter Benjamin, esta observación deja claro de golpe que «a lo que más atención se presta ahora no es a la noticia que nos llega de lejos, sino a la información que nos aporta un indicio de lo inmediato».[1] El lector de periódicos no atiende más que a lo inmediato. Su atención *se reduce* a curiosidad. El moderno lector de periódicos salta de una novedad a la siguiente, en lugar de pasear la mirada por la *lejanía* y dejarla reposar en ella. Ha perdido la *mirada prolongada, despaciosa y posada.*

La noticia o el aviso, que siempre se integra en una *historia,* presenta una estructura espacial y temporal totalmente distinta a la de la información.

[1]   Walter Benjamin, *El narrador,* Santiago de Chile, Metales Pesados, 2008, p. 67 [sin renunciar a la rigurosa fidelidad al original, algunas citas de traducciones se reproducen ligeramente modificadas para homogeneizarlas entre sí o para hacerlas más comprensibles en este contexto. *N. del T.*].

Llega «de lejos». Su rasgo esencial es la *lejanía*. La sucesiva eliminación de la lejanía es una característica de la Modernidad. La lejanía desaparece en beneficio de la falta de distancia. La información es un síntoma genuino de la falta de distancia, que hace que todo esté disponible. El aviso, por el contrario, se caracteriza por una *lejanía inmanejable*. Anuncia un acontecimiento *histórico* que no se puede poner a nuestra disposición y que tampoco se puede prever ni calcular. Estamos a merced de él, como si fuera una *fuerza del destino*.

La información no dura más que el momento que nos cuesta enterarnos de ella: «La información pierde su valor en cuanto ha pasado el instante en el que era nueva. Solo vive en ese instante. Tiene que darse sin reservas en ese instante, y revelarse en él sin tiempo que perder».[2] A diferencia de la información, el aviso tiene una amplitud temporal que trasciende el instante y lo refiere también a lo *venidero*. Viene *preñado de historia*. A él es inherente la *amplitud ondulatoria de una narración*.

La información es el elemento del *reportero*, que recorre el mundo en busca de novedades. Su figura opuesta es el *narrador*. El narrador no informa ni explica. El arte de narrar exige reservarse informaciones: «El arte de narrar consiste, en buena medida, en transmitir una historia sin cargarla de explicaciones».[3]

2   *Ibid.*, p. 69.
3   *Ibid.*, p. 68.

Retener información, es decir, no dar explicaciones, hace que aumente la tensión narrativa.

La falta de distancia acaba tanto con la cercanía como con la lejanía. La cercanía no es lo mismo que la falta de distancia, pues lleva implícita la lejanía. Cercanía y lejanía se requieren y se alientan mutuamente. Precisamente esta combinación de cercanía y lejanía es lo que engendra el *aura:* «El rastro es el síntoma de una cercanía, por muy lejano que pueda ser lo que lo dejó. El aura es el síntoma de una lejanía, por muy cercano que pueda ser lo que la provoca».[4] El aura es *narrativa,* porque está *preñada de lejanía.* La información, por el contrario, al suprimir la lejanía, acaba con el aura y desencanta el mundo. *Pone* el mundo, y de ese modo lo deja disponible. También el *rastro,* que denota lejanía, es rico en alusiones y *tienta a narrar.*

La crisis narrativa de la Modernidad viene de que el mundo está inundado de informaciones. El espíritu de la narración se ahoga en la marea informativa. Benjamin afirma: «Que el arte de narrar escasee se debe, en buena medida, a la difusión de información».[5] Las informaciones desbancan a los sucesos, que no se pueden explicar, sino solo narrar. No rara vez las narraciones portan la aureola de lo prodigioso y lo enigmático. Son incompatibles con las informaciones, que son lo opuesto al misterio. La explicación y la narración se excluyen:

4 *Id., El libro de los pasajes,* Madrid, Akal, 2005, p. 450.
5 *Id., El narrador, op. cit.,* p. 68.

Cada mañana nos trae la información de las novedades del mundo. Y, sin embargo, padecemos pobreza en historias extrañas. ¿A qué se debe esto? A que ya no nos enteramos de ningún suceso que no rezume explicaciones. Dicho con otras palabras: apenas nada de lo que sucede propicia ya la narración, casi todo favorece a la información.[6]

Benjamin ensalza a Heródoto declarándolo decano de los narradores. Una muestra de su arte narratoria es la historia de Psaménito. Psaménito, rey de Egipto, fue derrotado por Cambises, rey de Persia. Este lo hizo prisionero y lo humilló obligándolo a presenciar la marcha triunfal de los persas. Hizo que Psaménito viera desfilar como esclava a su propia hija capturada. Mientras todos los egipcios que estaban de pie al borde del camino se afligían por ello, Psaménito se mantenía impasible, sin decir nada, clavada la vista en el suelo. Poco después vio a su hijo, a quien llevaban en el desfile para ejecutarlo, pero también entonces permaneció inmóvil. Sin embargo, cuando reconoció entre los prisioneros a uno de sus siervos, un anciano decrépito, empezó a aporrearse la cabeza con los puños, proclamando una honda aflicción. Benjamin cree advertir en esta historia de Heródoto cuál es la clave de la verdadera narración. En su opinión, la tensión narrativa de esta

6   *Ibid.*

historia se perdería en cuanto tratáramos de explicar por qué el rey egipcio solo se aflige al ver a su siervo. Lo esencial de la verdadera narración es, justamente, que la explicación se omite. La narración renuncia a toda explicación:

> Heródoto no explica nada. Su relato es muy sobrio. Ese es el motivo por el que esta historia del antiguo Egipto sigue siendo capaz, al cabo de milenios, de suscitar asombro y mover a la reflexión. Es como esas semillas que durante milenios estuvieron guardadas al vacío en las cámaras de las pirámides, conservando su capacidad germinativa hasta el día de hoy.[7]

Según Benjamin, la narración «nunca agota su fuerza». «Su fuerza se conserva acumulada en su interior, e incluso al cabo de mucho tiempo sigue manteniendo su capacidad de desarrollo». Las informaciones tienen una temporalidad totalmente distinta. Como su margen de actualidad es reducido, se agotan enseguida. Su efecto es apenas momentáneo. No son como semillas, de perenne capacidad germinativa, sino que se asemejan a las motas de polvo. Carecen de toda capacidad germinativa. En cuanto nos hemos ente-

---

7   *Ibid.*, p. 68. Benjamin no reproduce literalmente la historia de Psaménito. Su resumen presenta notables divergencias respecto del original. Evidentemente, se basa en la versión de Michel de Montaigne, quien la cita en sus *Ensayos*.

rado de ellas se sumen en la irrelevancia, igual que los mensajes dejados en el contestador automático una vez que ya los hemos escuchado.

El síntoma más temprano de la decadencia de la narración es, en opinión de Benjamin, el florecimiento del género novelesco a comienzos de la Modernidad. La narración se alimenta de la experiencia y se transmite de generación en generación: «El narrador toma de la experiencia lo que él narra: de la experiencia propia o de la relatada. Y, a su vez, consigue que eso pase a ser la experiencia de quienes escuchan su historia».[8] En esa historia se acumula toda una riqueza en experiencia y sabiduría, donde los vivos encuentran indicaciones sobre lo que deben hacer. En la novela, por el contrario, se manifiesta la «profunda desorientación del vivo».[9] Mientras que la narración crea comunidad, la alcoba donde nace la novela es el individuo en su soledad y su aislamiento. A diferencia de la novela, que hace análisis psicológicos y desarrolla interpretaciones, la narración describe: «Lo extraordinario, lo prodigioso, se narra con la máxima minuciosidad, pero sin agobiar al lector con el contexto psicológico de la trama».[10] Sin embargo, lo que marca el final definitivo de la narración no es la novela, sino la proliferación de la información en el capitalismo:

8   *Ibid.*, p. 65.
9   *Ibid.*
10   *Ibid.*, p. 68.

Por otro lado, nos damos cuenta de que, con el dominio perfectamente organizado de la burguesía, uno de cuyos instrumentos más importantes en pleno capitalismo avanzado es la prensa, surge una nueva manera de comunicar que, pese a que su origen pueda ser muy remoto, sin embargo, hasta ahora no había influido crucialmente sobre el género épico. Pero ahora sí lo hace. Y se observa que, sin ser menos ajena a la narración de lo que ya era la novela, en cambio sí resulta mucho más amenazadora para ella [...]. Esta nueva manera de comunicar es la información.[11]

Para narrar hace falta un estado de relajación. Benjamin declara el tedio el culmen de la relajación intelectual. Es el «ave de ensueño, que incuba el huevo de la experiencia», «una sábana gris y abrigadora, revestida por dentro con un forro de la más cálida y colorida seda», en la que «nos envolvemos al soñar».[12] Pero el ruido de la información, «los crujidos en el bosque de páginas», ahuyentan al ave de ensueño. En el bosque de páginas ya «no se teje ni se hila». Solo se producen y se consumen informaciones a modo de estímulos.

Narrar y escuchar con atención se requieren mutuamente. La comunidad narrativa es una *comunidad de personas que escuchan con atención*. A la escucha es

11   *Ibid.*, p. 67.
12   *Id.*, *El libro de los pasajes, op. cit.*, p. 873.

inherente una atención especial. Quien escucha atentamente está olvidado de sí mismo, *se* sume en lo que escucha: «Cuanto más olvidado de sí está el que escucha atentamente, tanto más profundamente se le graba lo escuchado».[13] Estamos perdiendo cada vez más el don de escuchar. Nos *escenificamos a nosotros mismos,* nos *escuchamos a nosotros mismos,* en lugar de olvidarnos de nosotros mismos y abandonarnos a la escucha.

En ese *bosque digital de páginas* que es internet ya no quedan nidos de las aves de ensueño. Los cazadores de información las han ahuyentado. Con la actual hiperactividad, que busca espantar el aburrimiento, nunca alcanzamos un estado de profunda relajación espiritual. La sociedad de la información está generando una época de *alta tensión espiritual,* ya que el aliciente de la sorpresa es la esencia de la información. El tsunami informativo se encarga de que nuestros órganos sensoriales estén permanentemente estimulados. Ya no son capaces de pasarse a un estado contemplativo. El tsunami informativo fragmenta la atención. Impide la demora contemplativa, que es constitutiva del narrar y de la escucha atenta.

La digitalización pone en marcha un proceso que Benjamin no pudo prever en su época. Benjamin asociaba la información con la prensa. Para él, era una forma de comunicación, junto con la narración y la novela. Pero con la digitalización la información alcanza un estatus totalmente distinto. *La propia*

---

13   *Id., El narrador, op. cit.,* p. 71.

realidad asume ya la forma de información y de dato. Se informatiza y se transforma en datos. Percibimos la realidad sobre todo como si fuera un conjunto de informaciones, la percibimos mediante informaciones. La información es una noción, una noticia, es decir, una representación. La informatización de la realidad provoca una atrofia de la *experiencia presencial* inmediata. La digitalización, al ser una informatización, hace que la realidad se vuelva inconsistente.

Un siglo después de Benjamin, la información se está convirtiendo en una *nueva forma de ser,* e incluso en una *nueva forma de dominio.* En connivencia con el neoliberalismo, se está implantando un *régimen de la información,* que no actúa reprimiendo, sino seduciendo. Ese régimen asume una forma *inteligente y refinada.* No actúa a base de mandatos y prohibiciones. No nos obliga a callar. Sino que este poder inteligente y refinado nos anima constantemente a que comuniquemos nuestras opiniones, necesidades y predilecciones, a que contemos, posteemos y compartamos nuestra vida, y a que nos guste. Aquí la libertad no es reprimida, sino que se explota por completo. Cae bajo el control y el manejo. El poder inteligente y refinado es muy eficaz, porque no necesita mostrarse abiertamente. Se oculta tras una apariencia de libertad y de comunicación. Mientras posteamos, compartimos y le damos al botón de «me gusta», nos estamos sometiendo al régimen de control.

Hoy nos aturde tanta embriaguez de información y de comunicación. Y, sin embargo, ya no dominamos la comunicación, sino que nos ponemos a merced de un intercambio acelerado de informaciones que ya no se somete a nuestro control consciente. La comunicación es controlada cada vez más desde fuera. Parece obedecer a un proceso automático y maquinal controlado por algoritmos, del cual, sin embargo, ya no somos conscientes. Estamos a merced de la *blackbox* o *caja negra* algorítmica. Las personas se reducen a juegos de datos, que se pueden manejar y explotar.

En el régimen de la información mantienen su plena vigencia las palabras de Georg Büchner: «Somos títeres cuyos hilos mueven poderes desconocidos. ¡Nada somos por nosotros mismos, nada!». El poder se vuelve aún más sutil e invisible, de modo que ya no nos apercibimos expresamente de él. Incluso lo confundimos con la libertad. El filme de animación de Charlie Kaufman *Anomalisa* ilustra la lógica del poder inteligente y refinado. La película versa sobre un mundo en el que todas las personas tienen el mismo aspecto y hablan con la misma voz. Ese mundo refleja el infierno neoliberal de lo igual, en el que, paradójicamente, se invoca a la autenticidad y a la creatividad. El protagonista, Michael Stone, es un exitoso entrenador de motivación. Un día se da cuenta de que es un muñeco. Entonces se le desprende del rostro la pieza bucal. Cuando la recoge y la sostiene en su mano, se aterra al ver que la pieza bucal desprendida sigue parloteando por sí sola.

Pobreza en experiencia

Benjamin comienza su ensayo «Experiencia y pobreza» con la fábula de un anciano que, yaciendo en el lecho de muerte, les cuenta a sus hijos que en su viñedo se esconde un gran tesoro. Tras esa confesión, sus hijos se pasan días enteros cavando por todas partes en el viñedo, pero no encuentran ningún tesoro. Sin embargo, al llegar el otoño acaban comprendiendo que su padre les ha transmitido una experiencia: la bendición no está en el oro, sino en la laboriosidad, pues ese año ningún otro viñedo en todo el país da tanto fruto. Lo característico de la experiencia es que se *narra*, para transmitirla de generación en generación. Benjamin lamenta la pérdida de experiencia en la Modernidad: «¿Qué fue de ella? ¿Dónde encontraremos personas aún capaces de narrar algo como Dios manda? ¿Dónde se escuchan hoy de labios de moribundos palabras así de duraderas, como esos anillos que van pasando de una generación a otra? ¿A quién le sirve hoy de ayuda un refrán?».[1]

1 *Id.*, «Experiencia y pobreza», en *Obras,* libro II, vol. 1, Madrid, Abada, 2007, p. 217.

La sociedad se vuelve cada vez más pobre en experiencias transmisibles, comunicadas oralmente. Ya nada se transmite ni se narra.

Según Benjamin, el narrador es alguien que «tiene consejos que dar al oyente».[2] Los consejos no prometen soluciones fáciles para los problemas. Son, más bien, propuestas sobre *cómo se puede continuar una historia.* Quien busca consejo y quien lo da pertenecen ambos a una comunidad narrativa. Quien busca consejo debe ser también capaz de *narrar.* El consejo se busca y se da en una vida que se vive como un contexto narrativo. Es «entretejido» como *sabiduría* «en el material de la vida vivida».[3] La *sabiduría* está integrada en la *vida como narración.* Cuando la vida ya no es narrable, la sabiduría declina. En su lugar aparece la *técnica de solucionar problemas.* La sabiduría es una *verdad narrada:* «El arte de narrar está llegando a su fin, porque se está extinguiendo el lado épico de la verdad, que es la sabiduría».[4]

La experiencia requiere tradición y continuidad. Hace que la vida se vuelva narrable y la estabiliza. Cuando declinan las experiencias, cuando ya no existe nada que sea vinculante ni permanente, lo único que queda es la *nuda vida, la supervivencia.* Benjamin expresa inconfundiblemente su escepticismo ante la Modernidad, tan pobre en experiencia:

2   *Id., El narrador, op. cit.,* p. 64.
3   *Ibid.*
4   *Ibid.*

No, está claro que la experiencia ha bajado en cotización. [...] Una generación que aún había ido a la escuela en tranvía tirado por caballos ahora se encontraba de pronto a cielo descubierto, rodeada de un paisaje en el que solo las nubes habían quedado intactas; y en el centro, en medio de un campo dominado por las fuerzas destructivas de las oleadas y las explosiones, el frágil y diminuto cuerpo humano.[5]

Pese a sus dudas íntimas, Benjamin quiere mostrarse continuamente optimista con la Modernidad. Con frecuencia pasa bruscamente del tono elegíaco al eufórico. Incluso cree poder vislumbrar una «nueva belleza» en la pérdida de experiencia. La pobreza en experiencia supone una especie de nueva barbarie, pero de ella se puede sacar algo positivo: «¿Barbarie? Así es. Lo decimos para introducir un concepto nuevo y positivo de barbarie, ¿pues a qué les conduce a los bárbaros la pobreza de experiencia?».[6]

La experiencia crea continuidad histórica. El nuevo bárbaro se emancipa del contexto de la tradición, en el que se integra la experiencia. La pobreza de experiencia lo conduce «a comenzar de nuevo y desde el principio». Lo alienta el *pathos de lo nuevo*. Para empezar, hace tabla rasa. No se ve a sí mismo como narrador, sino como «constructor». Benjamin

5   *Id*., «Experiencia y pobreza», *op. cit*., p. 217.
6   *Ibíd*., p. 218.

generaliza la nueva barbarie, elevándola a *principio de lo nuevo:* «Un constructor así fue Descartes, que para empezar su filosofía entera nada quería salvo una sola certeza, "pienso, luego existo", y en eso lo basó todo».[7]

El nuevo bárbaro celebra la pobreza en experiencia como una emancipación:

> Pobreza en experiencia: no hay que entenderlo como si las personas anhelaran nuevas experiencias. No, lo que anhelan es librarse de las experiencias, anhelan un entorno en el que puedan resaltar su pobreza –inicialmente la externa, pero al cabo también la interna– de forma tan pura y clara que de ahí resulte luego algo decente.[8]

Benjamin nombra a una serie de artistas y escritores de la Modernidad que, sin hacerse ilusiones, se reafirman en la pobreza en experiencia y se entusiasman con la idea de «empezar de cero». Se despiden resueltos de la anticuada burguesía, «para atender al contemporáneo desnudo que, berreante cual recién nacido, lleva puestos los sucios pañales de esta época». Se declaran a favor de la transparencia y la falta de secretos, es decir, a favor de la falta de aura. También rechazan el humanismo tradicional. Benjamin dice que a esos modernos les habría gustado poner-

7 *Ibid.*
8 *Ibid.*, p. 221.

les a sus hijos nombres «deshumanizados», como «Peka», «Labu» o «Aviajim», que era el nombre de una empresa aeronáutica. La casa de cristal de Paul Scheerbart simboliza para Benjamin la vida de los hombres futuros:

> No es casualidad que el cristal sea un material tan duro y liso que en él no se puede fijar nada. También es un material frío y sobrio. Las cosas de cristal carecen de *aura*. El cristal es el enemigo por excelencia del secreto.[9]

También el ratón Mickey es para Benjamin uno de estos nuevos bárbaros:

> Tras el cansancio viene el sueño, y no rara vez sucede que el sueño compensa de las tristezas y los desánimos diarios. Y también sucede a menudo que una existencia sencilla pero totalmente grandiosa que, de día, cuando está despierta, se siente sin fuerzas, llegada la noche se aparece de pronto en sueños como plenamente realizada. La existencia del ratón Mickey es uno de estos sueños de los hombres actuales.[10]

Benjamin admira la facilidad y la ligereza que caracterizan a la existencia del ratón Mickey. Lo sublima

9   *Ibid*
10   *Ibid.*

declarándolo una figura de la redención, ya que vuelve a encantar el mundo:

> La gente está cansada de las inacabables complicaciones de la vida diaria; su objetivo vital solo se le presenta como un remotísimo punto de fuga en mitad de una interminable perspectiva de medios. Pero de pronto aparece ante sus ojos una existencia redentora, [...] una existencia en la que un coche no pesa más que un sombrero de paja, y en la que la fruta se redondea y madura colgada del árbol con tanta rapidez como se eleva la barquilla colgando del globo aerostático.[11]

El ensayo de Benjamin «Experiencia y pobreza» está lleno de ambivalencias. Hacia el final del ensayo, la desaforada apología de la Modernidad vuelve a dar paso al desencanto, que denota un profundo escepticismo de Benjamin ante la Modernidad. Presagiando ya la Segunda Guerra Mundial, escribe Benjamin:

> Nos hemos empobrecido. Pieza a pieza hemos ido sacrificando la herencia de la humanidad; la hemos tenido que depositar en la casa de empeños, a menudo por la centésima parte de su valor, para que, a cambio de ella, nos arrojen una pequeña moneda de lo *actual*. La crisis económica espera

11 *Ibid.*

a la puerta, y tras ella una sombra, la guerra que se avecina.[12]

Después de todo, la Modernidad tenía *visiones*. El cristal, que es el auténtico protagonista de los textos visionarios de Paul Scheerbart, está llamado a ser el elemento del futuro, que servirá para elevar la cultura humana a un nivel superior. En su texto programático *Arquitectura de cristal,* Scheerbart invoca la belleza que se crearía en la tierra si en todas partes se construyera con cristal. La arquitectura de cristal transformaría la tierra, «como si se cambiara de vestido para ponerse joyas de brillantes y esmalte». Lo que tendríamos sobre la tierra sería entonces «algo más exquisito que los jardines de las mil y una noches».[13] Los hombres serían más felices en un mundo lleno de flotantes edificios de cristal, de construcciones luminosas y coloridas. Scheerbart tiene visiones de belleza y de felicidad humana, que infunden al cristal el aura especial de ser el elemento del futuro. Las auténticas narrativas de futuro desprenden un aura, pues el futuro es un *fenómeno de la lejanía*.

La Modernidad es una apasionada de la fe en el progreso, del énfasis en la eclosión, de las ganas de acabar con todo para volver a empezar de cero, del espíritu de la revolución. También el *Manifiesto comu-*

12   *Ibid.*, pp. 221-222.

13   Paul Scheerbart, *Glasarchitektur,* Berlín, Verlag der Sturm, 1914, p. 29.

nista viene a ser una narrativa de futuro que abjura resueltamente del orden tradicional. En el *Manifiesto* se habla del «derrocamiento violento de todo orden social anterior». Es una *narración a lo grande* sobre la sociedad venidera. A la Modernidad es inherente, por decirlo con palabras de Bertolt Brecht, una enfática «sensación de comienzo». Tras haber hecho borrón y cuenta nueva, la Modernidad «juega» en la «gran tabla rasa».[14]

A diferencia de la Modernidad, con sus narrativas de futuro y de progreso, con su nostalgia de *una forma de vida distinta,* la Modernidad tardía ya no conserva nada del *pathos* revolucionario de lo nuevo ni del entusiasmo por volver a comenzar desde el principio. En ella no se tiene la sensación de que algo esté eclosionando. Por eso declina y se limita a *seguir como hasta ahora,* cayendo en la *falta de alternativas.* Se le han quitado las *ganas de narrar,* las *ganas de una narrativa que transforme el mundo. Storytelling* significa, antes que nada, comercio y consumo. El *storytelling,* como *storyselling* o *venta de historias,* no aporta ningún poder transformador de la sociedad. La extenuada Modernidad tardía desconoce la «sensación de comienzo», el énfasis en «empezar desde cero». No nos «confesamos partidarios» de nada, sino que, por comodidad, lo que hacemos siempre es *condescender.* Sucumbimos a la *conveniencia* o al «me

14   Bertolt Brecht, *Journale 2. Autobiografische Notizen 1941-1955,* Frankfurt, Suhrkamp, 1995, p. 19.

gusta», para lo que no hace falta ninguna narrativa. La Modernidad tardía carece de toda nostalgia, de toda visión, de toda *lejanía*. Por eso *carece* totalmente *de aura,* es decir, *de futuro.*

El actual tsunami informativo agrava la crisis narrativa, lanzándonos a un paroxismo de la actualidad. Las informaciones trocean el tiempo. El tiempo se reduce a la *vía estrecha de lo actual.* Carece de amplitud y de profundidad temporales. La presión para actualizar desestabiliza la vida. El pasado ya no repercute en el presente. El futuro se reduce a una permanente actualización de lo actual. De este modo, existimos sin *historia,* pues la narración es una *historia.* No solo perdemos las experiencias como *tiempo sintetizado,* sino también las narrativas de futuro como *tiempo que eclosiona.* La vida que va pasando de un presente al siguiente, que tropieza de una crisis a la siguiente, de un problema al siguiente, degenera a mera supervivencia. Vivir es más que resolver problemas. Quien se limita a resolver problemas no tiene futuro. La *narración* es lo único que abre el futuro, al permitirnos albergar *esperanzas.*

La vida narrada

En *El libro de los pasajes* comenta Benjamin:

> Solo podemos concebir la dicha en el aire que hemos respirado, entre las personas que han convivido con nosotros. En otras palabras, la idea de felicidad [...] connota la noción de redención. Dicho de otro modo: nuestra vida es como un músculo con la fuerza suficiente para contraer todo el tiempo histórico. O dicho aún de otro modo distinto, el auténtico concepto del tiempo histórico se basa por completo en la imagen de la redención.[1]

La felicidad *no es un acontecimiento puntual.* Es como un cometa con una *cola muy larga,* que llega hasta el pasado. Se nutre de todo lo que se vivió. Su forma de manifestarse no es brillar, sino *fosforecer.* Debemos a la felicidad la *salvación del pasado.* Para salvar el pasado se necesita una *fuerza tensora narrativa* que lo *acople* al presente y le permita seguir repercutiendo en él, e

---

1 Walter Benjamin, *El libro de los pasajes, op. cit.*, pp. 481-482.

incluso *resucitar* en él. Por eso, la felicidad connota la redención. No habrá felicidad para nosotros mientras todo nos precipite hacia un paroxismo de la actualidad, o sea, en pleno temporal de contingencia.

Ese músculo que es la vida necesitaría una fuerza enorme si, como hace Marcel Proust, nos imaginamos al hombre como un ser temporal que se encarama al pasado como a «unos zancos vivos que crecen continuamente, que a veces llegan a ser más altos que campanarios».[2] El final de *En busca del tiempo perdido* es lo menos parecido a un triunfo:

> Me daba miedo que mis zancos fueran ya tan altos bajo mis pasos, me parecía que no iban a conservar la fuerza suficiente para mantener mucho tiempo unido a mí aquel pasado que se remontaba ya hasta tan atrás.[3]

Proust concibe la salvación del pasado como una *tarea del narrador*. Las últimas palabras de *En busca del tiempo perdido* dicen:

> Si dispusiera del tiempo suficiente para realizar mi obra, lo primero que haría sería describir en ella a las personas, y les haría ocupar un lugar sumamente grande (aunque eso les hiciera

2   Marcel Proust, *En busca del tiempo perdido. 7. El tiempo recobrado,* Madrid, Alianza, 2022, p. 461.
3   *Ibid.*

parecer seres monstruosos), un lugar que, en comparación con el espacio tan restringido que se les asigna en el espacio, sería, por el contrario, ilimitadamente prolongado en el tiempo [...].[4]

La vida en la Modernidad está aquejada de una *atrofia muscular*. Está amenazada por la desintegración del tiempo. Con su novela *En busca del tiempo perdido,* Proust trata de combatir la *atrofia temporal,* la *mengua del tiempo* como *atrofia muscular. El tiempo recobrado* sale publicada en 1927. Ese mismo año se publica también la obra de Heidegger *Ser y tiempo.* Heidegger, por su parte, también escribe para combatir resueltamente la *atrofia temporal* de la Modernidad, que desestabiliza y fragmenta la vida. A la fragmentación y la atrofia de la vida moderna se contrapone el «despliegue [...] de la existencia entera»,[5] «en la que el *existir* [designación ontológica del hombre] en cuanto destino mantiene "incluidos" en su existencia tanto el nacimiento y la muerte como lo que media "entre" ellos».[6] El hombre no va existiendo momento tras momento. No es un ser de instantes. Su existencia abarca todo el lapso que se extiende desde el nacimiento hasta la muerte. Debido a la falta de orientación externa, por la falta de anclajes narrativos en el ser, tiene que salir de uno mismo

---

4   *Ibid.,* pp. 461-462.
5   Martin Heidegger, *Ser y tiempo,* Madrid, Trotta, 2018, p. 403.
6   *Ibid.*

la fuerza para *contraer* el lapso entre el nacimiento y la muerte, convirtiéndolo en una unidad viviente que penetre y abarque todos los acontecimientos y todos los sucesos. La continuidad del *sí mismo* garantiza la continuidad del ser. La *permanencia del sí mismo* constituye el eje temporal central, que debe protegernos de la fragmentación del tiempo.

Frente a lo que afirma el propio Heidegger, *Ser y tiempo* no es un análisis intemporal de la existencia humana, sino un reflejo de la crisis temporal de la Modernidad. La angustia, que tan eminente función desempeña en *Ser y tiempo,* también forma parte de la patología del hombre moderno, que ya no encuentra sostén en el mundo. También la muerte ha dejado de integrarse en una narrativa de redención que dé sentido a la vida. Se trata más bien de *mi* muerte, que yo tengo que asumir solo y por mí mismo. Como la muerte acaba definitivamente con todo lo que soy *en mí mismo,* en vista de la muerte la existencia *se contrae hacia sí misma.* La presencia constante de la muerte suscita una *afirmación enfática del* sí mismo. El *espasmo existencial* de la existencia resuelta a sí misma desarrolla una fuerza tensora, y hasta una fuerza muscular, que preserva a la existencia de la amenaza de atrofia temporal y le proporciona continuidad temporal.

Lo que Heidegger llama «ser sí mismo» precede al contexto narrativo de la vida, que solo se crea posteriormente. La existencia, *antes* de narrarse a sí misma una historia *intramundana* que sirva de contexto cohesionador, se asegura primero de sí misma. El *sí mismo* no se construye a partir de sucesos intramundanos interrelacionados. Lo que crea la *auténtica historicidad* es el «despliegue de la existencia entera», un «despliegue» que antecede a la narración y rezuma *sí mismo*. Para combatir la atrofia del tiempo se aspira a una *enmarcación temporal de la existencia,* a un «despliegue original de la existencia entera, un despliegue que está asegurado y no necesita tener un contexto».[7] Ese «despliegue original» debe encargarse de que la existencia, que es una *unidad que antecede a la narración,* no se desintegre en «realidades momentáneas de vivencias que se van sucediendo y van desapareciendo».[8] Saca a la existencia de «la inacabable multiplicidad de posibilidades que enseguida se ofrecen de estar a gusto, de despreocuparse y de escaquearse», y la *cimenta* en la «elementalidad de su *destino*».[9] Tener un destino significa *hacerse cargo expresamente del propio «sí mismo».* Quien se abandona a las «realidades momentáneas» se queda sin destino, sin «auténtica historicidad».

La digitalización agrava la atrofia del tiempo. La realidad se desintegra en informaciones, cuyo margen de actualidad es muy reducido. Las informaciones dependen del acicate de la sorpresa. De este

7   *Ibid.*
8   *Ibid.*, p. 388.
9   *Ibid.*, p. 397.

modo, fragmentan el tiempo. También se fragmenta la atención. Las informaciones no toleran que nos *demoremos* en ellas. En el acelerado intercambio de informaciones, cada una desbanca a la anterior. Snapchat representa la *comunicación instantánea* digital. Messenger es la expresión más pura de la temporalidad de lo digital. *Lo único que importa es el momento. Snaps* o *instantáneas* son sinónimos de «realidades momentáneas». En consecuencia, vuelven a desaparecer al cabo de poco tiempo. La propia realidad se desintegra en *snaps*. Eso nos saca del anclaje temporal estabilizador. Tampoco las *stories* que se cuentan en plataformas digitales como Instagram o Facebook son narraciones en sentido propio. No tienen *extensión narrativa*. Son una mera sucesión de instantáneas que nada narran. En realidad, no son más que *informaciones visuales* que desaparecen rápidamente. *Nada queda*. Un eslogan publicitario de Instagram dice: «Publica momentos de tu vida cotidiana en las historias, un formato divertido y espontáneo que solo se muestra durante 24 horas». La limitación temporal provoca un efecto psicológico peculiar. Evoca una sensación de inconsistencia, que genera una sutil presión para comunicarse más.

También los selfis son *fotografías instantáneas*. No tienen otro sentido que el instante. Frente a las fotografías analógicas, que son un medio para recordar, los selfis son evanescentes informaciones visuales. También, a diferencia de aquellas, los selfis desaparecen para siempre en cuanto los hemos visto rápidamente. No sirven para recordar, sino para comunicarse. En definitiva, anuncian el final del hombre que carga con un destino y con una historia.

El *phono sapiens* se consagra al instante, a las «realidades momentáneas de vivencias que se van sucediendo y van desapareciendo». Desconoce el «despliegue de la existencia entera», ese despliegue que abarca el tiempo de vida comprendido entre el nacimiento y la muerte, llenándolo de énfasis en el «sí mismo». Su existencia no es histórica. Los *funeral selfies*, esas autofotos que se hacen en los funerales, apuntan a la ausencia de la muerte. La gente se pone al lado de los ataúdes y sonríe divertida a la cámara. Incluso con la muerte se pueden conseguir *likes*. Está claro que el *phono sapiens* ha superado al *homo sapiens,* que aún necesitaba ser redimido.

Las plataformas digitales como Twitter, Facebook, Instagram, TikTok o Snapchat están situadas en el punto cero de la narración. No son medios para narrar, sino medios para informar. Trabajan aditivamente, no narrativamente. Las informaciones concatenadas no se sintetizan componiendo una narración. Si preguntamos «¿cómo agregar o editar un acontecimiento importante en mi perfil de Facebook?», nos responden: «Haz clic en "Información" y, luego, en "Acontecimientos importantes" y "Agregar un acontecimiento importante"». Los acontecimientos vitales son tratados como meras informaciones. Con ellas no se urde ninguna narración extensa. Se concatenan con conjunciones, por *polisíndeton,* pero sin cohesión narrativa. Nunca se hace una *síntesis narrativa* de acontecimientos. En las plataformas digitales no es posible elaborar y sintetizar reflexiva y narrativamente lo vivido, pero tampoco es eso lo que se busca. Ya el dispositivo técnico de las plataformas digitales impide toda praxis narrativa que requiera mucho tiempo.

La memoria humana es selectiva. En eso se diferencia del banco de datos. Es narrativa, mientras que la memoria digital trabaja añadiendo y acumulando. La narración se basa en seleccionar y enlazar acontecimientos. Procede selectivamente. La vía narrativa es estrecha. A ella solo se incorporan acontecimientos selectos. La vida narrada o recordada tiene forzosamente *huecos.* Las plataformas digitales, por el contrario, lo que buscan es precisamente *protocolar la vida sin dejar huecos. Cuanto menos se narra, más datos e informaciones se producen y se acumulan.* Para las plataformas digitales los datos son más valiosos que las narraciones. Las *reflexiones narrativas* están mal vistas. Algunas plataformas digitales permiten formatos narrativos, pero entonces deben configurarse de tal modo que se ajusten al banco de datos, para así arrojar la mayor cantidad posible de datos. Por eso los formatos narrativos deben asumir necesariamente formas aditivas. Las *stories* se configuran para aportar información. Provocan la desaparición de la narración en sentido propio. Las plataformas digitales se configuran para alcanzar una *protocolización total de la vida.* Se trata de transferir la vida a juegos de datos. Cuantos más datos se compilen acerca de una persona, tanto mejor se la podrá vigilar, manejar y explotar económicamente. El *phono sapiens* cree que solo está jugando, pero en realidad lo están explotando y lo manejan por completo. El *smartphone* como campo de juegos resulta ser un *panóptico digital*.

La narración autobiográfica se basa en hacer una reflexión posterior sobre lo que se ha vivido, en hacer un trabajo consciente de rememoración. Los datos y las informaciones, por el contrario, se generan *al margen de la conciencia*. Reflejan inmediatamente nuestras actividades, antes de que reflexionemos expresamente sobre ellas y las interpretemos, antes de que sean filtradas por la reflexión. *Tanto mejor será la calidad de los datos cuanto menos se implique la conciencia en ellos.* Estos datos permiten acceder a esferas que son inasequibles para la conciencia. Permiten que las plataformas digitales analicen a la persona como si la radiografiaran, y que controlen su comportamiento en un nivel prerreflexivo.

La cámara dispone de medios técnicos como la proyección a cámara lenta y a cámara rápida o los primeros planos. Walter Benjamin sostiene la tesis de que, gracias a esos medios, la cámara es capaz de descubrir y analizar a partir de nuestros movimientos el «inconsciente óptico»,[10] igual que hace el psicoanálisis con el «inconsciente pulsional».

10 Walter Benjamin, *La obra de arte en la época de su reproductibilidad técnica,* México, Ítaca, p. 86.

Si tomamos el *Data Mining* o la «minería de datos» como una técnica análoga a la cámara cinematográfica, diríamos que opera como una cámara lenta digital que, detrás del espacio que ocupa la conciencia, descubre y analiza otro espacio ocupado por el inconsciente, que podemos denominar el *inconsciente digital*. De este modo, la inteligencia artificial puede acceder a aquellos deseos e inclinaciones nuestros de los que no somos conscientes. La *psicopolítica, que trabaja con datos,* estaría, por tanto, en condiciones de adueñarse de nuestro comportamiento en un nivel preconsciente.[11]

En el llamado *Self-tracking* o «autoseguimiento», la narración es completamente sustituida por el conteo. Lo único que genera son puros datos. El lema del *Quantified Self* o «yo cuantificado» es «autoconocimiento mediante cifras». Los seguidores de ese movimiento tratan de alcanzar el autoconocimiento no mediante la narración, el recuerdo o la reflexión, sino mediante conteos y cifras. Para ello, se aplican al cuerpo diversos sensores, que generan automáticamente datos sobre el ritmo cardíaco, la presión sanguínea, la temperatura corporal o los perfiles de movimiento y de sueño. Los estados de salud y de ánimo son registrados regularmente. Se protocolizan minuciosamente todas las actividades diarias. Queda registrado incluso el día en que uno

11   Cf. Byung-Chul Han, *Psicopolítica. Neoliberalismo y nuevas técnicas de poder,* Barcelona, Herder, 2021.

descubrió su primera cana. Nada debe escapar a la protocolización total de la vida. Sin embargo, ahí *no se narra nada,* sino que todo es meramente medido. Los sensores y las aplicaciones suministran automáticamente datos *en un nivel previo a la representación lingüística y a la reflexión narrativa.* Los datos recopilados se agrupan en forma de gráficas y de diagramas atractivos. Pero no cuentan nada sobre quién soy yo. *El yo no es una cantidad, sino una calidad.* «Autoconocimiento mediante cifras» es una quimera. Lo único que nos ayuda a conocernos a nosotros mismos es la narración: *tengo que narrarme.* Pero las cifras no narran nada. El término *narrativas numéricas* es un oxímoron. La vida no se puede narrar en forma de acontecimientos cuantificables.

El tercer episodio de la primera temporada de *Black Mirror* se titula «Toda tu historia». En esa sociedad de la transparencia, cada persona lleva detrás de la oreja un implante que registra absolutamente todo lo que su portador ha visto y vivido, de modo que todo lo que se ha vivido y percibido puede reproducirse íntegramente en los ojos o en monitores externos. Por ejemplo, en los controles de seguridad de los aeropuertos piden a la gente que reproduzca los acontecimientos vividos durante un determinado periodo de tiempo. Ya no hay secretos. Los criminales ya no pueden ocultar sus fechorías. Por así decirlo, la persona está atrapada en sus recuerdos. Si todo lo vivido puede recuperarse íntegramente, entonces, en sentido estricto, ya no son posibles los recuerdos.

El recuerdo no es una repetición mecánica de lo vivido, sino una narración que continuamente hay que volver a contar de nuevo. Los recuerdos forzosamente tienen huecos. Presuponen la *cercanía* y la *lejanía*. Cuando todo lo vivido está *presente sin distancia,* es decir, cuando está *disponible,* el recuerdo desaparece. Una reproducción íntegra de lo vivido tampoco es una narración, sino un *informe* o un *protocolo.* Quien quiere narrar o recordar debe *poder olvidar u omitir* muchas cosas. La sociedad de la transparencia significa el final de la narración y del recuerdo. Ninguna narración es transparente. *Lo único transparente son las informaciones y los datos.* «Toda tu historia» termina con la escena en la que el protagonista se arranca su implante con una cuchilla de afeitar.

La vida desnuda

Antoine Roquentin, el protagonista de la novela de Sartre *La náusea,* se ve acometido un día por un asco insoportable:

> Entonces me dio la Náusea: me dejé caer en el asiento, ni siquiera sabía dónde estaba; veía girar lentamente los colores a mi alrededor; tenía ganas de vomitar. Y desde entonces la Náusea no me ha abandonado, me posee.[1]

Siente que la náusea es una «propiedad de las cosas». Roquentin toma un guijarro con la mano y siente «una especie de náusea en las manos». El mundo *es* náusea: «La Náusea no está en mí; la siento allí, en la pared, en los tirantes, en todas partes a mi alrededor. Es una sola cosa con el café, soy yo quien está en ella».[2]

Poco a poco Roquentin se va dando cuenta de que lo que suscita la náusea es la mera presencia de las

1   Jean-Paul Sartre, *La náusea,* Madrid, Alianza, 2019, p. 40.
2   *Ibid.*, p. 41.

cosas, la pura facticidad, la contingencia del mundo. Todos los significados que redimirían a las cosas de su contingencia y sinsentido se desvanecen ante sus ojos. El mundo se le aparece desnudo. Queda despojado de todo significado. A Roquentin le parece que incluso su propia existencia se ha vaciado de sentido:

> Había aparecido por casualidad, existía como una piedra, como una planta, como un microbio. Mi vida crecía a la buena de Dios, y en todas direcciones. A veces me enviaba vagas señales; otras veces solo sentía un zumbido sin consecuencias.[3]

Un zumbido sin sentido resulta insoportable. No hay *música* ni *sonido*. Lo único que hay por todas partes es ese insoportable vacío en el que Roquentin siente que se asfixia. El mundo ya no *significa* nada para él. Tampoco él lo *entiende*. No hay ningún objetivo, no hay ninguna finalidad a la que él pudiera ordenar las cosas. Lo que mantiene las cosas a distancia es precisamente la finalidad, el uso, el *servicio* que nos prestan. Pero ahora agobian a Roquentin con su nuda presencia. Se autonomizan:

> Los objetos no nos deberían *tocar*, puesto que no viven. Uno los usa, los pone en su sitio, vive entre ellos; son útiles, nada más. Y a mí me tocan; es

3   *Ibid.*, p. 139.

insoportable. Tengo miedo de entrar en contacto con ellos como si fueran animales vivos.[4]

Un día, Roquentin cae en la cuenta de que es justamente en la narración donde anida la fuerza capaz de hacer que el mundo se muestre pleno de sentido:

> He pensado lo siguiente: para que el suceso más trivial se convierta en aventura, es necesario y suficiente contarlo. Esto es lo que engaña a la gente; el hombre es siempre un narrador de historias; vive rodeado de sus historias y de las ajenas, ve a través de ellas todo lo que le sucede; y trata de vivir su vida como si la contara. Pero hay que escoger: o vivir o narrar.[5]

Es la narración lo que eleva a la vida por encima de su mera facticidad, por encima de su desnudez. Narrar consiste en hacer que el transcurso del tiempo tenga sentido, consiste en darle al tiempo un *comienzo* y un *final*. Sin narración, la vida es meramente *aditiva:*

> Cuando uno vive, no sucede nada. Los decorados cambian, la gente entra y sale, eso es todo. Nunca hay comienzos. Los días se añaden a los días sin ton ni son, en una suma interminable y monótona. De vez en cuando, se saca un resultado parcial; uno

4   *Ibid.*, p. 27.
5   *Ibid.*, p. 70.

dice: hace tres años que viajo, tres años que estoy en Bouville. Tampoco hay fin: [...] prosigue la suma de horas y días. Lunes, martes, miércoles. Abril, mayo, junio. 1924, 1925, 1926.[6]

La crisis existencial de la Modernidad, como crisis de la narración, se debe a que *vida y narración van cada una por su lado*. Esa crisis se resume en «vivir *o* narrar». Ya no parece que la vida sea narrable. En la época anterior a la Modernidad, la vida se cimentaba en las narraciones. En el tiempo como narración no hay solo lunes, martes, miércoles..., sino Pascua, Pentecostés o Navidad como estaciones de una narración. Incluso los días de la semana tienen un sentido narrativo: el miércoles es el día de Mercurio, el jueves el día de Júpiter, etcétera.

Roquentin recurre a la narración para tratar de superar la insoportable facticidad del ser, la vida desnuda. Al final del libro, toma la decisión de renunciar al oficio de historiador y hacerse escritor. Al menos espera que escribir novelas le ayude a *salvar el pasado:*

Un libro. Naturalmente, al principio solo sería un trabajo aburrido y fatigoso; no me impediría existir ni sentir que existo. Pero llegaría un momento en el que el libro estaría escrito, estaría detrás de mí, y pienso que un poco de su claridad caería sobre mi pasado. Entonces

6   *Ibid.*, p. 71.

quizá pudiera, a través de él, recordar mi vida sin repugnancia.[7]

Es deleitoso *percibir en forma narrativa*. Todo compone un orden bien formado. Un «y» narrativo, nutrido de imaginación, enlaza cosas y acontecimientos que, en realidad, no tendrían nada que ver entre sí, e incluso naderías, futilidades o inanidades, componiendo con todo eso una narración con la que se supera la *pura facticidad*. El mundo aparece *articulado rítmicamente*. Las cosas y los acontecimientos ya no están aislados, sino que son las partes de una narración. En el *Ensayo sobre el jukebox,* escribe Peter Handke:

> Y ahora, probando con caminos sin rumbo en la sabana, de repente arrancó en él un ritmo completamente distinto, no un ritmo alternante ni errático, sino un ritmo único, homogéneo, y sobre todo un ritmo que, en lugar de rondar y de andarse con insinuaciones, iba derecho y con total seriedad *in medias res:* el ritmo de la narración. Al principio, todo aquello con lo que se iba encontrando sucesivamente por el camino él lo experimentaba como si fueran las partes de una narración [...]. Los cardos que había arrastrado el viento se habían quedado pegados a la cerca de alambre. Un anciano con un saco de plástico se agachaba para arrancar una seta de calabaza.

7   *Ibid.*, p. 281.

Pasó un perro cojeando sobre tres patitas, recordaba a un cervatillo [...]. En el tren que venía de Zaragoza habían encendido ya las luces, pero había muy poca gente sentada dentro...[8]

En otro momento, a Handke le parece que percibir en forma de narración, sobreponiéndose así a la pura facticidad, es una estrategia existencial para transformar un modo de «estar en el mundo» que nos produce miedo en una manera de «estar en casa» que nos resulta familiar, o para imponer un contexto y una cohesión a lo aislado y lo inconexo. La narración, percibida ya como algo divino, se revela ahora como una necesidad existencial:

Aquello ya no era la irresistible fuerza de las imágenes que lo agitaba cordialmente, sino claramente, subida del corazón a la cabeza, una fuerza fría que lo hacía lanzarse precipitadamente, una y otra vez y absurdamente, contra una puerta que llevaba mucho tiempo cerrada; y él se preguntaba si la narración, que al principio le había parecido algo divino, no sería más bien un engaño, una expresión de su miedo a todo lo aislado e inconexo.[9]

8   Peter Handke, *Ensayo sobre el jukebox,* Madrid, Alianza, 2019, pp. 56-57.
9   *Ibid.*, p. 59.

En la Modernidad tardía la vida está más desnuda que nunca. Carece de toda *imaginación narrativa*. Las informaciones no se dejan enlazar para componer una narración. Por eso las cosas se dispersan y van cada una por su lado. La cohesión que les daba sentido da paso a una yuxtaposición y a una sucesión de acontecimientos carentes de sentido. Ningún horizonte narrativo nos eleva por encima de la *mera vida*. Una vida que hay que mantener *sana* o que hay que *optimizar* a toda costa no es más que supervivencia. La histeria por la salud y la optimización solo es posible en un mundo desnudo y falto de sentido. La optimización solo atañe a la función o a la eficiencia. La narración, por el contrario, no se puede optimizar, pues tiene un valor intrínseco.

En la Modernidad tardía, que es la era digital, tratamos de disimular la desnudez de la vida y de ocultar el absurdo vital a base de estar permanentemente posteando, dándole al botón de «me gusta» y compartiendo. El ruido de la comunicación y de la información impide que se nos revele el aterrador vacío vital. La crisis actual no consiste en «vivir *o* narrar», sino en «vivir *o* postear». Tampoco la adicción a los selfis se explica por un narcisismo, sino que es más bien el *vacío interior* lo que causa esa adicción. El yo no encuentra ofertas de sentido que puedan proporcionarle una identidad estable. Ante el vacío interior, el yo crea *una imagen de sí mismo* y la *escenifica* permanentemente. Los selfis reproducen *la forma vacía del yo*.

En la sociedad de la información y de la transparencia, la desnudez se acentúa convirtiéndose en obscenidad. Pero ya no nos hallamos ante la ardiente obscenidad de lo reprimido, de lo prohibido o de lo ocultado, sino ante la fría obscenidad de la transparencia, de la información y de la comunicación: «la obscenidad de lo que ya no tiene secreto, de lo que es enteramente soluble en la información y la comunicación».[10] La información en cuanto tal es pornográfica, pues *carece de envoltura*. Lo único elocuente y narrativo es la *envoltura*, el *velo* que se teje en torno a las cosas. El embozo y el encubrimiento son esenciales para la narración. La pornografía no narra nada. Va *derecha al asunto*, mientras que el *erotismo como narración* se explaya en *menudencias*.

10 Jean Baudrillard, *El otro por sí mismo,* Barcelona, Anagrama, 1997, pp. 17-18.

Desencantamiento del mundo

El autor de libros infantiles Paul Maar cuenta en una de sus historias la vida de Conrad, un muchacho que es incapaz de narrar.[1] Cuando Susana, su hermana pequeña, se revuelve en la cama sin poder dormir y le pide a Conrad que le cuente una historia, este le hace de malas maneras un gesto de rechazo. Sin embargo, a sus padres les gusta mucho contar historias. Casi están ansiosos de hacerlo. Apenas logran ponerse de acuerdo sobre quién va a empezar. Así que hacen una lista para asegurarse de que les va a tocar a todos. Cuando el padre, Roland, ha contado una historia, la madre escribe con un lápiz una «R» en el papel. Si la madre ha narrado un cuento, el padre pone una «O» grande en la lista, pues la madre se llama Olivia. Entre tantas «R» y «O» aparece a veces una «S» pequeña, pues poco a poco también Susana le va cogiendo gusto a narrar. La familia compone una pequeña comunidad narrativa. Contar historias los une mucho. El único que no participa es Conrad.

---

1   Paul Maar, «Die Geschichte vom Jungen, der keine Geschichten erzählen konnte», *Die Zeit* (28 de octubre de 2004).

Cuando más ganas tiene la familia de contar historias es los sábados y los domingos durante el desayuno. Para narrar hace falta ocio. En una comunicación acelerada no tenemos tiempo y ni siquiera paciencia para narrar. Entonces no hacemos más que intercambiar informaciones. Cuando estamos ociosos, cualquier cosa se convierte para nosotros en un motivo para narrar. Por ejemplo, el padre le dice a la madre: «Olivia, ¿harías el favor de alcanzarme la mermelada de fresa?». Apenas tiene el padre el tarro de mermelada en la mano, se ensimisma mirando al vacío y *cuenta:*

> Esto me recuerda a mi abuelo. En cierta ocasión, yo tendría quizá ocho o nueve años, durante la comida mi abuelo pidió mermelada de fresa. ¡Durante la comida! Al principio creímos haber oído mal, pues lo que había para comer era asado de carne adobada con pasta, como cada dos de septiembre...

El padre comienza la narración con «eso me recuerda a...» o «en cierta ocasión...». La narración y el recuerdo se requieren mutuamente. Quien está totalmente metido en el presente puntual no es capaz de narrar.

La paradoja entre la mermelada de fresa y el asado de carne adobada tensa el arco narrativo. Evoca la biografía entera de una persona, el drama o la tragedia de toda una vida. El recuerdo como narración se nutre de la honda interioridad que asoma en la mirada ensimismada del padre. La era posnarrativa es un tiempo sin interioridad. Las informaciones lo vuelven todo hacia fuera. *En lugar de la interioridad del narrador tenemos la atenta vigilancia del cazador de informaciones.*

La evocación que el padre hace de su abuelo al ver la mermelada de fresa se parece a la *memoria involuntaria* de Proust. Durante una estancia en el balneario marítimo de Balbec, cuando Proust se agacha para atarse el cordón de los zapatos en la habitación de su hotel, se le aparece de pronto la imagen de su abuela fallecida. El doloroso recuerdo de su querida abuela, que baña de lágrimas sus ojos, le concede al mismo tiempo un instante de felicidad. En la *memoria involuntaria* dos momentos temporales separados se enlazan y se sintetizan en un *fragante cristal de tiempo*. De este modo se supera la mortificante contingencia del tiempo, lo cual resulta placentero. La narración, que entabla una estrecha relación entre los acontecimientos, supera el fugaz tiempo vacío. *El tiempo de narrar no transcurre.* Por eso, la pérdida de la capacidad narrativa acentúa la experiencia de la contingencia. Nos deja a merced de la caducidad y de la contingencia. El rostro evocado de la abuela se experimenta, además, como su *verdadera* imagen. De la *verdad* solo nos apercibimos posteriormente. La verdad habita en el *recuerdo como narración.*

El tiempo se atomiza cada vez más. Narrar, por el contrario, significa enlazar. Quien narra a la manera de Proust se sumerge en la vida y teje en su interior nuevos hilos entre los acontecimientos. Urde así una densa red de relaciones, en la que nada se queda aislado. Todo aparece pleno de sentido. Es precisamente la narración la que nos salva de la contingencia de la vida.

Conrad no puede narrar porque su mundo consta de hechos. En lugar de narrarlos, se limita a enumerarlos. Cuando la madre le pide que le cuente cómo le fue ayer, responde:

Ayer fui al colegio. Primero tuvimos matemáticas, luego lengua, después biología y, para terminar, dos horas de gimnasia. Después me vine a casa e hice los deberes. Luego me senté un rato al ordenador y más tarde me fui a la cama.

Su vida se define por acontecimientos externos. Carece de la interioridad que le permitiría asimilar los acontecimientos y entretejerlos y sintetizarlos en una narración.

Pero ahora viene la hermana pequeña en su ayuda y le sugiere: «Yo siempre empiezo diciendo: "Había una vez un ratón"». Conrad la corta enseguida para preguntarle: «¿Una musaraña, un ratón de casa o un topo?». Y prosigue: «Los ratones pertenecen al género de los roedores. Se distinguen dos grupos, los auténticos ratones y los topos». El mundo de Conrad está totalmente desencantado. Se desintegra en hechos y pierde toda tensión narrativa. Un mundo que se puede explicar no es narrable.

El padre y la madre acaban por darse cuenta de que Conrad es incapaz de narrar. Así que deciden mandarlo a la señorita Muhse, que fue la que también les enseñó a narrar a ellos. Un día lluvioso Conrad va a casa de la señorita Muhse. Ante la puerta lo recibe alegre una anciana de pelo cano y espesas cejas aún oscuras: «Vaya, ¿así que tus padres te mandan a mí para que aprendas a narrar?». Por fuera la casa aparenta ser muy pequeña, pero en su interior hay un pasillo que parece no acabar nunca. La señorita Muhse le pone a Conrad un pequeño paquete en la mano y le pide que se lo lleve a su hermana, que está arriba. Señala una escalera estrecha. Conrad la sube. Pero la escalera parece prolongarse hasta el infinito. Conrad pregunta extrañado: «¿Cómo es posible? ¡Pero si he visto la casa por fuera, y tenía solo un piso! ¡Y ahora debemos de andar ya por lo menos por el séptimo!». Conrad se da cuenta de que está totalmente solo. De pronto, a su lado se abre en la pared una puerta baja. Una voz ronca dice: «¡Por fin *atestás* aquí! ¡Anda, date *brisa* y pasa aquí *centro!*». A Conrad le parece que todo está encantado. También el lenguaje se vuelve extraño y enigmático, cobrando así algo de magia y encanto. Conrad mete la cabeza por la puerta. En la oscuridad reconoce una figura con forma de búho. Pregunta, aterrado: «¿Quién..., quién es usted?». «No seas tan *cuzamaleroso*. ¿O es que quieres hacerme esperar *avinagradamente?*», berrea el ser con forma de búho. Conrad se agacha y entra por la puerta. «¡Ahora *ventea* hacia abajo! ¡Que tengas un *benito* viaje!», se ríe entre dientes la voz. En ese mismo momento, Conrad se da cuenta de que el oscuro cuarto no tiene suelo. Cae por un tubo a una velocidad vertiginosa. Inútilmente trata de aferrarse a las paredes del tubo. Siente como si se encontrara en el vientre de un gran animal que se lo hubiera tragado. Finalmente sale escupido justo a los pies de la señorita Muhse: «¿Qué has hecho con el paquetito?», pregunta enojada. «Debo de haberlo perdido por el camino», responde Conrad. La señorita Muhse mete la mano en el bolsillo de su vestido negro y vuelve a sacar un pequeño paquete. Conrad juraría que es exactamente el mismo paquete que le había dado antes. «Toma», dice la señorita Muhse malhumorada. «Haz el favor de llevárselo abajo a mi hermano». «¿Al sótano?», pregunta Conrad. «¡Qué disparate!», dice la señorita Muhse. «Lo encontrarás en la planta baja. ¡Ya sabes que aquí arriba estamos en el séptimo piso! ¡Ve ya de una vez!». Conrad baja con precaución la estrecha escalera. De nuevo parece prolongarse ilimitadamente. Tras descender cien peldaños, Conrad llega a un lúgubre pasillo. «¿Hay alguien?», pregunta, indeciso. Nadie responde. Conrad lo intenta de nuevo y pregunta: «¡Hola, señor Muhse! ¿Me escucha?». De pronto, a su lado se abre una puerta. Una voz cascada dice: «Claro que te *embucho*. ¡No estoy *tordo*! ¡*Centra* deprisa!». En el cuarto oscuro hay alguien sentado que parece un castor y está fumando un puro. El ser con aspecto de castor pregunta: «¿A qué estás *descartando? ¡Encentra* de una vez!». Conrad entra titubeando. De nuevo cae por las oscuras entrañas de la casa. Y otra vez vuelve a salir escupido a los pies de la señorita Muhse. Ella da una honda calada a un puro fino y dice: «Conociéndote, seguro que no has entregado el paquetito». «No», responde Conrad envalentonado. «Yo no he venido aquí a entregar paquetes, sino a aprender a narrar». «¿Cómo quieres que le enseñe a narrar a un muchacho que ni siquiera sabe subir la escalera con un paquete? Es mejor que te vayas a casa, no tienes remedio», dice resuelta la señorita Muhse. Le abre una puerta que hay a su lado en la pared. «Buen *guiaje* y que te vaya *sien*», dice empujando a Conrad hacia abajo. De nuevo vuelve a caer por las inacabables espirales de la casa. Pero esta vez no cae delante de la señorita Muhse, sino directamente delante de la casa de sus padres. Estos todavía están sentados desayunando con la hermana pequeña. Conrad entra corriendo en el cuarto y dice todo excitado: «Tengo que contaros algo. No os podéis imaginar lo que me ha sucedido...». De pronto el mundo ha dejado de ser explicable para Conrad. Ya no consta de hechos objetivos, sino de sucesos que son inasequibles a toda explicación, precisamente porque necesitan ser narrados. En Conrad se ha producido un giro a lo narrativo que lo convierte en miembro de la pequeña comunidad narrativa. El padre y la madre se miran dichosos. «¿Ves como sí?», dice la madre, y escribe en el papel una gran C.

La narración de Peter Maar se lee como una sutil crítica a la sociedad. Parece lamentar que hayamos llegado a olvidar cómo se narran historias. La pérdida de la capacidad de narrar se achaca al *desencantamiento del mundo*. Ese desencantamiento se puede resumir en la frase «las cosas *existen,* pero *enmudecen*». La magia ha huido de ellas. La pura facticidad de la mera presencia imposibilita la narración. La facticidad y lo narrativo se excluyen.

El desencantamiento del mundo significa, antes que nada, que la relación con el mundo se reduce a la causalidad. La causalidad no es más que *una* de las posibles formas de relación. Su totalización provoca la pobreza en mundo y en experiencia. Un mundo mágico es aquel en el que las cosas entablan entre sí relaciones que trascienden el nexo causal y en el que intercambian confidencias. La causalidad es mecánica y extrínseca. Las relaciones mágicas o poéticas con el mundo significan que una profunda *simpatía* conecta al hombre con las cosas. En *Die Lehrlinge zu Sais* [Los discípulos en Sais] dice Novalis:

> ¿No se convierte la roca en un tú peculiar cuando la interpelo? ¿Y qué soy yo salvo la corriente, cuando miro con nostalgia las olas ahí abajo, dejando que mis pensamientos se evadan con su fluir? [...] Ignoro si alguien comprendió alguna

vez a las piedras y a los astros; pero sí sé que, si hubo alguien así, fue sin duda un ser sublime.[2]

Los niños son para Walter Benjamin los últimos habitantes del mundo mágico. Para ellos, nada se limita a *existir*. Todo es *elocuente* y sumamente *significativo*. Una *intimidad mágica* los conecta con el mundo. Se aproximan a las cosas y las tantean jugando, transformándose en ellas:

El niño que está detrás de la antepuerta se convierte en algo que flota en el aire, en algo blanco, en un fantasma. La mesa del comedor, debajo de la cual se ha escondido, él la convierte en un ídolo de madera del templo, cuyas columnas son las cuatro patas talladas. Y detrás de una puerta él mismo será la puerta, llevándola como máscara pesada, y como mago embrujará a todos los que entren desprevenidos. [...] La casa fue el arsenal de las máscaras. Sin embargo, una vez al año había regalos en los lugares recónditos, en sus cuencas vacías, en sus bocas rígidas; la experiencia de la magia se convertía en ciencia. Como si fuese el ingeniero, desencantaba la sombría casa y buscaba huevos de Pascua.[3]

2 Novalis, *Die Lehrlinge zu Sais,* en *Schriften*, P. Kluckhohn y R. Samuel (eds.), Stuttgart, Kohlhammer, 1960, vol. 1, pp. 71-111, aquí: pp. 100 y s.

3 Walter Benjamin, *Infancia en Berlín hacia 1900,* Madrid, Alfaguara, 1982, pp. 49-50.

Hoy se ha profanado a los niños y se los ha convertido en seres digitales. Mengua la experiencia mágica del mundo. Los niños van buscando informaciones como si estas fueran *huevos de Pascua digitales*.

El desencantamiento del mundo se manifiesta como pérdida del aura. El aura es como un esplendor que eleva el mundo por encima de su pura facticidad, como un velo misterioso que recubre las cosas. Al mismo tiempo, el aura tiene un núcleo narrativo. Por eso afirma Benjamin que las imágenes narrativas evocadas por la «memoria involuntaria» tienen un aura, mientras que las fotografías carecen de ella:

> Si consideramos que lo que distingue a las imágenes que brotan de la *memoria involuntaria* es que tienen un aura, entonces la fotografía tiene buena parte de culpa del fenómeno de la «decadencia del aura».[4]

Las fotografías se diferencian de las imágenes evocadas en que carecen de interioridad narrativa. Las fotografías reproducen lo que hay, pero sin interiorizarlo. No pretenden decir nada. Por el contrario, la memoria como narración no representa una continuidad espacio-temporal, sino que se basa en una *selección narrativa*. A diferencia de la fotografía, es sin duda arbitraria e incompleta. Dilata o acorta el

4 *Id.*, *Iluminaciones II. Baudelaire,* Madrid, Taurus, 1972, p. 163.

intervalo de tiempo. Se salta años y hasta décadas.[5] Lo narrativo se opone a la facticidad cronológica.

Inspirado por Marcel Proust,[6] Benjamin supone que las cosas conservan la mirada que una vez se puso en ellas. De este modo, ellas mismas se vuelven contemplativas. La mirada teje el velo aureolar que envuelve con su esplendor las cosas. El aura es, exactamente, la «lejanía de la mirada que despierta en lo contemplado».[7] Al ser contempladas en su intimidad, las cosas responden a la mirada:

El observado, o quien se cree observado, abre de pronto la mirada. Experimentar el aura de un fenómeno significa prestarle la capacidad de abrir de pronto la mirada. A eso obedecen los hallazgos de la «memoria involuntaria».[8]

Cuando las cosas pierden la mirada, pierden también su encanto, su aura. Entonces no nos miran ni nos interpelan. Han dejado de ser un *tú* y se han

---

5   Siegfried Kracauer, *Das Ornament der Masse, Essays,* Frankfurt, Suhrkamp, 1977, pp. 24 y ss.

6   Marcel Proust, *En busca del tiempo perdido. 7. El tiempo recobrado, op. cit.,* p. 256: «Ciertos espíritus amigos del misterio quieren creer que los objetos conservan algo de los ojos que los miraron, que los monumentos y los cuadros los vemos únicamente bajo el velo sensible que les han tejido durante siglos el amor y la contemplación de tantos adoradores».

7   Walter Benjamin, *El libro de los pasajes, op. cit.,* p. 322.

8   *Id., Iluminaciones II. Baudelaire, op. cit.,* p. 163.

convertido en un *ello* mudo. Ya no se produce un *intercambio de miradas* con el mundo.

Cuando las cosas se sumergen en el fluido de la «memoria involuntaria», se convierten en fragantes recipientes donde lo visto y lo sentido se sintetizan narrativamente. También los nombres adquieren su aura y *narran* cuando se amplían convirtiéndose en espacios de recuerdo: «Un nombre cualquiera que leímos antaño en un libro conserva entre sus sílabas las cortantes ráfagas de viento y el destellante rayo de sol que nos llegaban cuando lo leímos».[9] Incluso las palabras pueden desprender un aura. Esto cita Benjamin de Karl Kraus: «Cuanto más de cerca miramos una palabra, tanto más se remonta su retrospectiva».[10]

Hoy percibimos el mundo sobre todo como un conjunto de informaciones. Las informaciones carecen de lejanía y de amplitud. No pueden conservar en sí las cortantes ráfagas de viento ni el destellante rayo de sol. Carecen de espacios de aura. Desencantan el mundo y le quitan su aura. El lenguaje pierde por completo su aura en el momento en que se reduce a informaciones. La información supone el nivel de pérdida absoluta del lenguaje.

La memoria es una praxis narrativa que constantemente crea nuevos lazos entre los acontecimientos y urde una red de relaciones. El tsunami de informa-

9   Marcel Proust, *En busca del tiempo perdido. 7. El tiempo recobrado, op. cit.*, pp. 256-257.

10   Walter Benjamin, *Iluminaciones II. Baudelaire, op. cit.*, p. 163.

ción destruye la interioridad narrativa. La memoria que ha perdido su carácter narrativo se parece a la «trastería», al «trastero que revienta de montones de cuadros de todo tipo, totalmente desordenados y mal conservados, y de símbolos desgastados».[11] En la trastería, las cosas forman un montón desordenado y caótico. *El amontonamiento es lo contrario de la narración.* Los acontecimientos solo se sintetizan en una *historia* cuando se *apilan* de una determinada manera. Un amontonamiento de datos o de información no tiene historia. No es narrativo, sino acumulativo.

La historia es lo contrario de la narración, porque tiene un comienzo y un final. Se caracteriza porque está terminada. Es una *forma conclusiva:* «Hay una diferencia fundamental entre las *historias,* que buscan un final, una terminación, una conclusión, y la *información,* que siempre es esencialmente parcial, incompleta, fragmentaria».[12] Un mundo en el que se han eliminado todas las fronteras carece de encanto y de magia. Lo que emana encanto son *las fronteras, los tránsitos y los umbrales.* Por eso escribe Susan Sontag:

Donde deba haber terminación, unidad y cohesión tendrá que haber fronteras. Todo es relevante en el viaje que emprendemos dentro de esas fronteras. El final de una historia se podría designar

11 Paul Virilio, *Information und Apokalypse. Die Strategie der Täuschung,* Múnich, Carl Hanser, 2000, p. 39.
12 Susan Sontag, *Zur gleichen Zeit. Aufsätze und Reden,* Múnich, Carl Hanser, 2008, p. 282.

también el punto mágico en el que convergen los puntos de vista cambiantes y provisionales: el punto fijo en el que el lector se da cuenta de cómo las cosas que al comienzo resultaban dispares al final van juntas.[13]

Narrar es un juego de luz y sombras, de lo visible y lo invisible, de proximidad y lejanía. La *transparencia* destruye esta tensión dialéctica, en la que se basa toda narración. El desencantamiento digital del mundo va mucho más allá de aquel desencantamiento que Max Weber achacaba a la racionalización causada por la ciencia. *El actual desencantamiento del mundo se debe a su informatización. La transparencia es la nueva fórmula del desencantamiento.* Desencanta el mundo disolviéndolo en datos e informaciones.

Paul Virilio cita en una entrevista un relato de ciencia ficción que trata sobre la invención de una cámara diminuta. Es tan pequeña y ligera que se puede transportar incluso en copos de nieve. Enormes cantidades de estas cámaras son mezcladas con nieve artificial y arrojadas desde aviones. La gente cree que nieva. En realidad, se está infestando el mundo de cámaras. El mundo se vuelve totalmente transparente. Nada queda oculto. Ya no quedan puntos ciegos. Cuando le preguntan en qué podríamos soñar si todo fuera totalmente visible, Virilio res-

13   *Ibid.*, p. 281.

ponde: «Soñaríamos con que somos ciegos».[14] No existe la *narración transparente*. Toda narración se basa en el misterio y la magia. Lo único que nos salvaría del infierno de la transparencia y nos devolvería la capacidad de narrar sería una ceguera soñada.

Gershom Scholem concluye su libro sobre la mística judía con esta historia jasídica:

Cuando el Baal Shem, el fundador del jasidismo, debía resolver una tarea difícil, cuando debía realizar alguna obra en bien de las criaturas, iba a un determinado sitio en el bosque, encendía un fuego y, sumido en sus meditaciones, musitaba plegarias. Y todo lo que emprendía entonces se realizaba tal como se lo había propuesto. En la siguiente generación, cuando el Maguid de Mezritch hubo de afrontar un gran reto, se dirigió a ese mismo sitio del bosque y dijo: «Ya no sabemos hacer fuego, pero podemos recitar las oraciones». Y después de haberlas recitado, todo ocurrió según lo había planeado. En la siguiente generación, Rabi Moshe Leib de Sasov tuvo que realizar una gran hazaña. También él fue al bosque y dijo: «Ya no sabemos hacer fuego, hemos olvidado las meditaciones que alientan la plegaria. Pero conocemos el lugar del bosque

14 «Cyberwar, God and Television. An Interview with Paul Virilio», en Arthur Kroker y Marilouise Kroker (eds.), *Digital Delirium*, Nueva York, St. Martin's Griffin, 1997, pp. 41-48, aquí: p. 47.

donde todo eso debe hacerse, y con eso debe bastar».Y en efecto, resultó que con aquello fue suficiente. Pero cuando, transcurrida otra generación, Rabi Israel de Rischin se propuso afrontar una gran tarea, permaneció en su castillo, sentado en su trono dorado, y dijo: «No sabemos hacer fuego, no somos capaces de recitar las oraciones prescritas y ni siquiera conocemos tampoco el lugar del bosque. Pero podemos contar la historia de todo esto».Y bastó con narrar aquella historia para lograr el mismo efecto que también habían alcanzado los tres anteriores.[15]

Adorno cita íntegramente esta historia jasídica en sus «Saludos a Gershom G. Scholem en su septuagésimo cumpleaños». La interpreta como una narración metafórica sobre el progresivo proceso de secularización en la Modernidad. El mundo se va desencantando progresivamente. Hace tiempo que se apagó el fuego mítico.Ya no podemos recitar plegarias.Tampoco somos capaces de meditar en secreto. Incluso nos hemos olvidado del lugar mítico en el bosque.A eso se le suma hoy, además, algo decisivo: estamos a punto de perder incluso la *capacidad de narrar,* con la que aún seríamos capaces de evocar posteriormente aquel suceso mítico.

15   Gershom Scholem, *Die jüdische Mystik in ihren Hauptströmungen,* Frankfurt, Suhrkamp, 1993, p. 384.

Del *shock* al *like*

En su obra *Sobre algunos temas en Baudelaire,* Benjamin cita un pequeño fragmento en prosa de Baudelaire titulado «Pérdida de una aureola». Este fragmento versa sobre un poeta que al cruzar el bulevar pierde su aureola.

Hace un momento, cuando atravesaba a toda prisa el bulevar, saltando sobre el barro a través de ese caos en movimiento donde la muerte llega al galope desde todas partes a la vez, al hacer un gesto brusco se me resbaló la aureola de la cabeza y cayó al barro del asfalto.[1]

Benjamin interpreta esta historia como una alegoría de la Modernidad. Versa sobre la decadencia del aura: Baudelaire «ha señalado el precio por el que se puede adquirir la sensación de modernidad: la destrucción del aura en la experiencia de *shock*».[2] El espectador es acometido a golpes por la realidad. Esta se traslada del lienzo del cuadro a la pantalla

---

1   Walter Benjamin, *Iluminaciones II. Baudelaire, op. cit.*, p. 168.
2   *Ibid.*, pp. 169-170.

de proyección de la película. El cuadro invita al observador a la demora contemplativa. Se entrega a la libre asociación del observador cuando este se pone delante de él. De este modo, *el observador de un cuadro está centrado en sí mismo*. El espectador de una película, por el contrario, se parece a ese peatón en pleno caos circulatorio, cuando la muerte se lanza al galope contra él desde todas partes: «El cine es el género artístico que se corresponde con el acentuado riesgo vital en el que viven los contemporáneos».[3]

Según Freud, la función principal de la conciencia es protegernos de los estímulos. Cuando un estímulo irrumpe en la conciencia, esta trata de asimilarlo asignándole un puesto dentro de ella, para lo cual debe mermar la integridad del contenido de ese estímulo. Benjamin cita a Freud:

> Para el organismo vivo, protegerse de los estímulos es una función casi más importante que recibirlos; el organismo está dotado de sus propias reservas de energía, y debe esforzarse sobre todo en preservar las formas especiales de metabolismo energético que se producen en él del influjo entrópico, es decir, destructivo de las descomunales energías que operan fuera.[4]

3 *Id.*, *La obra de arte en la época de su reproductibilidad técnica, op. cit.*, pp. 111-112.
4 *Id.*, *Iluminaciones II. Baudelaire, op. cit.*, p. 130.

Estas amenazadoras energías externas se descargan en forma de *shocks*. Cuanto más eficazmente trabaje la conciencia, menos sentiremos el efecto traumático del *shock*. La conciencia impide que los estímulos penetren hasta las capas más profundas de la psique. Si falla el mecanismo de la conciencia para protegernos de los estímulos, sufrimos un *shock* traumático. El sueño y el recuerdo intervienen entonces para que podamos sobreponernos al *shock*. Después de que hemos sufrido el *shock,* el sueño y la memoria se conceden el tiempo que en un primer momento no tuvimos, para así poder dominar el estímulo. Si la conciencia amortigua el *shock,* el incidente que lo desencadenó se atenúa y queda reducido a una vivencia. En la Modernidad, el porcentaje del factor de *shock* en cada una de las impresiones es tan grande que la conciencia debe estar constantemente activa para garantizar la protección frente a los estímulos. Cuanto más eficaz sea la conciencia en su función protectora, tanto menos llegaremos a *experimentar* las impresiones. Las experiencias son remplazadas por vivencias, que se caracterizan por un debilitamiento del *shock*. El ojo del urbanita moderno está sobrecargado de funciones aseguradoras. El habitante de la gran ciudad se olvida de cómo demorarse en una contemplación: «La mirada aseguradora prescinde de evadirse ensoñadoramente en la lejanía».[5]

5   *Ibid.*, p. 167.

Benjamin eleva la experiencia de *shock* a principio poético de Baudelaire:

> [Baudelaire] habla de un duelo en el que el artista, antes de caer vencido, da un grito de horror. Este duelo es el propio proceso creativo. De este modo, Baudelaire ha situado la experiencia de *shock* en el corazón de su trabajo artístico. [...] Habiendo claudicado al horror, Baudelaire sabe cómo provocar el horror por sí mismo. Vallès nos relata cómo eran sus excéntricas gesticulaciones [...]. Gautier habla de los «hipérbatos» que tanto le gustaban a Baudelaire en las declamaciones; Nadar describe sus pasos bruscos.[6]

Según Benjamin, Baudelaire pertenece al «tipo traumatófilo». «Su objetivo era bloquear los *shocks* poniéndose a sí mismo como amortiguador espiritual y físico». *Esgrime* su pluma.

Desde que Benjamin escribiera su estudio sobre Baudelaire han transcurrido más de cien años. La pantalla de proyección de las películas ha sido sustituida por la pantalla digital, ante la que nos pasamos prácticamente todo el día. La palabra *pantalla* significa originalmente visera, algo que resguarda. La pantalla *conjura* el peligro de la realidad transformándola en imágenes. Así nos protege

6   *Ibid.*, pp. 132-133.

de ella. Percibimos la realidad casi exclusivamente a través de la pantalla digital. Ya no es más que un fragmento de la pantalla. La realidad está tan reducida en el *smartphone* que en las impresiones que nos provoca ya no queda ningún elemento de *shock*. *El* shock *deja paso al like*.

Como más eficazmente nos protege el *smartphone* de la realidad es haciendo que ella no tenga *mirada*. La mirada es el modo como se manifiesta el *otro*. La pantalla táctil hace que desaparezca por completo la realidad como *rostro que nos interpela*. Si al otro le quitamos su alteridad, se vuelve consumible. Según Lacan, el cuadro, y en general la imagen, tiene una mirada que me observa, me sobrecoge, me encandila, me fascina, me hechiza y cautiva mis ojos: «Con total seguridad, en todo cuadro asoma una mirada».[7] Lacan distingue entre la mirada y el ojo. El ojo construye una imagen especular imaginaria, que *la mirada deshace*.

El rostro exige guardar la distancia. Es un *tú,* y no un *ello* que esté a nuestra disposición. En la pantalla digital podemos darle con el dedo a la imagen de una persona, o incluso deslizar el dedo para borrarla, porque esa imagen ya ha perdido la mirada y el rostro. Lacan diría que la imagen encerrada en la pantalla digital *no tiene mirada,* que solo sirve de *placer visual* que satisface mis necesidades. La pantalla

---

7   Jacques Lacan, *Los cuatro conceptos fundamentales del psicoanálisis,* Buenos Aires, Paidós, 1987, p. 108.

digital se diferencia de aquella otra imagen como *pantalla (écran)*, en la que todavía *asoma* una mirada. La pantalla digital, por el contrario, al protegernos por completo de la realidad, no deja que en ella *asome* nada. Es *plana*.

Toda teoría de la imagen refleja la sociedad en la que se contextualiza. En la época de Lacan, el mundo todavía se experimentaba como si *nos mirara*. También en Heidegger se encuentran formulaciones que hoy nos resultan chocantes. En *El origen de la obra de arte* escribe: «[...] entes del tipo del cántaro, el hacha y los zapatos [...]. La utilidad es ese rasgo fundamental desde el que estos entes nos contemplan, esto es, irrumpen ante nuestra vista, se presentan y, así, son entes».[8] En realidad, es la utilidad la que hace que los entes ya no comparezcan como tales, pues lo que percibimos son utensilios en función de su finalidad. El *utensilio* del que habla Heidegger todavía conserva su mirada. Es una *instancia* que nos observa.

Que la percepción sea cada vez más narcisista conlleva la desaparición de la mirada. El narcisismo acaba con la mirada, es decir, con el otro, y la sustituye por una imagen especular imaginaria. El *smartphone* acelera la expulsión de lo distinto. Es un espejo digital, que provoca una reedición posinfantil de la fase especular. El *smartphone* nos permite permanecer en una fase especular en la

8   Martin Heidegger, *Caminos de bosque,* Madrid, Alianza, 2010, p. 19.

que se mantiene un ego imaginario. Lo digital remodela radicalmente la tríada lacaniana de lo real, lo imaginario y lo simbólico. Suprime la realidad, y para favorecer lo imaginario hace que desaparezca lo simbólico, que es lo que encarna los valores y las normas comunitarios. Finalmente, acarrea la erosión de la comunidad.

En la época de Netflix a nadie se le ocurre hablar de experiencia de *shock* a propósito del cine. Las series de Netflix son lo menos parecido a aquel género artístico que se correspondía con el riesgo vital acentuado del que hablaba Benjamin. El consumo de series se caracteriza más bien por el *Binge Watching,* el maratón de series. El espectador es cebado cual ganado de consumo. El maratón de series se puede tomar en general como el modo de percepción típico de la Modernidad tardía digital.

El *paso del shock al like* también puede explicarse por un cambio en nuestro aparato psíquico. Quizá sea cierto que en la Modernidad percibimos el creciente diluvio de estímulos como un *shock,* pero con el tiempo el aparato psíquico se habitúa al aumento de la cantidad de estímulos. A raíz de ello, la percepción se embota. Por así decirlo, se encallece la corteza cerebral en la que se produce el rechazo de estímulos. La capa externa de la conciencia se endurece y se vuelve «inorgánica».[9]

9   Sigmund Freud, *Más allá del principio de placer,* en *Obras completas, vol. XVIII,* Buenos Aires, Amorrortu, 1992, p. 27.

Un artista como Baudelaire, que causa horror sin pretenderlo, hoy resulta no ya solo obsoleto, sino casi hasta grotesco. El tipo de artista actual es Jeff Koons. Un artista así resulta *inteligente y refinado*. Sus obras reflejan el pulido mundo del consumo, que se opone diametralmente al *shock*. Lo único que Koons le pide a quien contempla sus obras es un simple «*Wow!*». Su arte es intencionadamente relajante y cautivador. Lo que busca más que nada es *gustar*. Por eso su lema es «abrazar al observador». Nada en su arte debe aterrar o amedrentar al observador. Su arte está más allá del *shock*. Pretende ser, como el propio Koons dice, «comunicación». También podría haber dicho: *el lema de mi arte es «me gusta»*.

Teoría como narración

En su artículo «El final de la teoría», Chris Anderson, redactor jefe de *Wired,* afirma que unas cantidades inconcebiblemente grandes de datos harían totalmente superfluas las teorías: «Hoy día, las empresas como Google, que han crecido en una época de ingentes masas de datos, no deben conformarse con modelos falsos. De hecho, no deben conformarse con ningún modelo en absoluto».[1] Una psicología o una sociología que trabajaran con datos permitirían predecir con exactitud y controlar el comportamiento humano. Las teorías serían remplazadas por cruces directos de datos:

> Se acabó toda teoría del comportamiento humano, desde la lingüística hasta la sociología. Olvide usted la taxonomía, la ontología y hasta la psicología. ¿Quién podrá decir por qué las personas hacen lo que hacen? Sencillamente lo

[1]   Chris Anderson, «The End of Theory: The Data Deluge Makes the Scientific Method Obsolete», *Wired Magazine* (27-06-2008).

hacen, y nosotros podemos observarlo y medirlo con inaudita exactitud. Cuando hay suficientes datos, las cifras hablan por sí solas.[2]

Pero lo cierto es que los macrodatos no explican nada. Lo único que se puede averiguar con macrodatos son *correlaciones* entre las cosas. Sin embargo, las correlaciones son la forma más primitiva de conocimiento. No sirven para comprender nada. Los macrodatos no pueden explicar *por qué* las cosas se comportan así entre ellas. No permiten establecer conexiones causales ni asociaciones conceptuales. El *porqué* es desbancado del todo por el *es así,* para el que *no hacen falta conceptos.*

La teoría como narración esboza un orden de cosas que las pone en relación y, de este modo, explica *por qué* se comportan así. Desarrolla *asociaciones conceptuales,* que nos permiten comprender las cosas. A diferencia de los macrodatos, nos ofrece la forma suprema de conocimiento, que es la *comprensión.* Viene a ser una *forma conclusiva,* que, al *comprender en sí* las cosas, las hace comprensibles. Los macrodatos, por el contrario, son *abiertos.* La teoría como forma conclusiva *inserta* las cosas en un marco conceptual, haciéndolas así *aprehensibles.* En definitiva, el final de la teoría significa la despedida del *concepto como espíritu.* La inteligencia artificial se maneja sin conceptos. *La inteligencia no es espíritu.* Solo el espíritu es capaz de

2   *Ibid.*

establecer un nuevo orden de cosas, de desarrollar una nueva narración. La inteligencia calcula y computa. *Pero el espíritu narra*. Las ciencias humanísticas que trabajan con datos no son ciencias del *espíritu*, sino ciencias de datos. *Los datos expulsan el espíritu*. El conocimiento de datos está situado en el *punto cero del espíritu*. En un mundo atiborrado de datos y de información disminuye la capacidad de narrar. Por eso cada vez se elaboran menos teorías, es más, uno cada vez se *atreve* menos a hacerlas.

Que la teoría es narración se aprecia con toda claridad en Sigmund Freud. Su psicoanálisis es una narración, que ofrece un modelo explicativo de nuestro aparato psíquico. Las historias que le cuentan sus pacientes él las somete a una narrativa psicoanalítica, la cual ayuda a comprender un determinado comportamiento, un determinado síntoma. Se supone que la sanación consistirá en que los pacientes asientan a la narrativa que él les ofrece. Los casos reales de los pacientes y su narrativa psicoanalítica interfieren entre sí. Freud va cambiando constantemente su narración, según va reajustando lo que acaba de narrar al material que trata de interpretar. Su narrativa debe encajar perfectamente con los casos reales. Al mismo tiempo, Freud aparece como el héroe de su propia narración:

Lo que le han contado de manera distorsionada, Freud lo toma y lo vuelve a narrar a su manera. Al hacer eso, él no solo queda como quien identifica, sopesa y ordena todo lo que podría ser discordante, sino que a su vez él queda a salvo de todo, porque, frente a lo que parecerían ser reveses que podrían refutar su interpretación, él siempre sigue siendo quien decide cómo debe interpretarse el material. Incluso uno sospecharía que, cuanto más material por interpretar se resista a su análisis, tanto más pertinazmente insistirá él en la legitimidad de las fórmulas explicativas de su psicoanálisis, de modo que al final hasta resultará ser el héroe solitario de sus propias narraciones analíticas.[3]

Ya los diálogos platónicos dejan bien claro que la filosofía es una narración. Se da la paradoja de que, aunque en nombre de la verdad Platón critica el mito como narración, sin embargo, él mismo recurre con mucha frecuencia a los relatos míticos. En algunos diálogos desempeñan un papel central. Por ejemplo, el modo como Platón narra en el *Fedón* el destino del alma tras la muerte se parece mucho a la narración que hace Dante en *La divina comedia*. Los pecadores son condenados a las penas eternas en el tártaro. Solo los virtuosos entrarían tras la muerte en las moradas celestiales. Al final de sus explicaciones sobre el destino del alma tras la muerte, Platón dice que merece la pena arriesgarse a creer en eso:

3   Elisabeth Bronfen, «Theorie als Erzählung: Sigmund Freud», en D. Mersch *et. al.* (eds.), *Ästhetische Theorie,* Zúrich/Berlín, Diaphanes, 2019, pp. 57-74, aquí: p. 59.

Desde luego que no es propio de un hombre sensato afirmar que esto es, punto por punto, tal como yo lo he expuesto. Pero en lo tocante a nuestras almas y sus moradas me parece que, una vez que está claro que el alma es algo inmortal, conviene creer que existen esas cosas u otras semejantes, merece la pena correr el riesgo de creer eso –pues el riesgo es hermoso–, y uno debe declamar para sí mismo semejantes encantamientos. Esta es la razón por la que llevo ya un rato prolongando este relato mítico.[4]

La filosofía como *poesía* (mito) es un *riesgo*, un *riesgo maravilloso*. Narra *una nueva forma de vivir y de ser*, y hasta *se arriesga a practicarla*. El *ego cogito, ergo sum* de Descartes introduce un nuevo orden de cosas, que acabará caracterizando a la Modernidad. Regirse radicalmente por la certeza supone *arriesgarse a algo nuevo*. Así es como se pudo superar la narración medieval cristiana. También la Ilustración es una narración. La teoría moral de Kant es igualmente una narración muy audaz. En ella, un Dios moral se encarga de repartir la felicidad «en proporción exacta a la moralidad».[5] Dios nos compensa por la renuncia a los deleites terrenales en aras de la virtud. El postulado kantiano de la inmortalidad del alma

4   Platón, *Fedón,* 114d, en *Diálogos III,* Madrid, Gredos, 1988, p. 135.
5   Immanuel Kant, *Crítica de la razón práctica,* México, FCE, 2008, p. 142.

es, asimismo, una narración audaz. Según Kant, la «realización del bien supremo» solo es posible en una «existencia [...] que perdure hasta el infinito», porque «de la *plena adecuación* de la voluntad con la ley moral [...] no es capaz ningún ser racional perteneciente al mundo de los sentidos en ningún momento de su existencia». Por tanto, se postula un *«progreso* que va hacia el *infinito»*, en el que el hombre trata de alcanzar el «bien supremo» más allá de la muerte.[6] En lo que respecta a la inmortalidad del alma, la teoría moral de Kant *como fábula* no se diferencia esencialmente del mito platónico. Solo que, a diferencia de Kant, Platón resalta expresamente que se trata de una narración (mito).

Nuevas narraciones hacen posible una nueva percepción. La «nueva valoración de todos los valores» de la que habla Nietzsche abre una nueva perspectiva al mundo. Por así decirlo, el mundo *se narra de otro modo*. Por eso lo vemos con otros ojos. La *gaya ciencia* de Nietzsche es lo menos parecido a una ciencia en sentido estricto. Está concebida como una *narrativa de futuro,* basada en una «esperanza», en una «fe en un mañana y en un pasado mañana». La nueva valoración de todos los valores que lleva a cabo Nietzsche es una *narración como riesgo y como fiesta,* e incluso como *aventura.* Abre el *futuro.* En el «Prólogo» a *La gaya ciencia* escribe Nietzsche:

6 *Ibid.*, pp. 145-146.

«Gaya ciencia»: eso significa las saturnales de un espíritu que ha resistido con paciencia una larga y terrible presión —que ha resistido con paciencia, rigor y frialdad, sin claudicar, pero sin esperanza—, y que ahora, de pronto, es invadido por la esperanza, por la esperanza de salud, por la *ebriedad* del restablecimiento. No es de sorprender que, entonces, salgan a la luz muchas cosas irracionales y bufonescas, mucha ternura maliciosa, derrochada incluso en problemas que tienen una piel espinosa y no se prestan a ser acariciados y seducidos. Todo este libro no es más que una diversión al cabo de largas privaciones e impotencias, el alborozo de la fuerza que retorna, del renacer de la fe en un mañana y en un pasado mañana, del súbito sentimiento y presentimiento del futuro, de aventuras inminentes, de mares que vuelven a abrirse, de objetivos que vuelven a estar permitidos y en los que volvemos a creer.[7]

Como narrador, Nietzsche remarca expresamente su *autoría:* «Está en mi mano, tengo maña para *cambiar las perspectivas:* por eso solo a mí me fue posible hacer una *nueva valoración de los valores».*[8] Solo en la medida en que la teoría es narración puede ser también una *pasión.* La inteligencia artificial no puede pensar, ya

7   Friedrich Nietzsche, *La gaya ciencia,* en *Obras completas III,* Madrid, Tecnos, 2014, p. 717.
8   *Id., Obras completas IV,* Madrid, Tecnos, 2016, p. 888.

solo porque es incapaz de sentir *pasión,* de *narrar apasionadamente.*

La decadencia de la filosofía comienza en el momento en que ella pretende ser una ciencia, e incluso una ciencia exacta. La filosofía como ciencia abjura de su original carácter narrativo. A causa de ello se queda sin *habla. Enmudece.* La filosofía académica, que se limita a *administrar* la historia de la filosofía, es incapaz de *narrar.* No es un *riesgo,* sino una *burocracia.* Por eso, la actual crisis de la narración afecta también a la filosofía y le depara su final. Hemos perdido la audacia para la filosofía, la audacia para la teoría, es decir, hemos perdido la *audacia para la narración.* Deberíamos ser conscientes de que, en el fondo, pensar no es otra cosa que narrar, y de que el pensamiento avanza con pasos narrativos.

Narración como curación

En una de sus *Imágenes que hacen pensar,* Benjamin evoca la escena primordial de la curación: «El niño está enfermo. La madre lo lleva a la cama y se sienta a su lado. Y entonces comienza a contarle historias».[1] Narrar cura, porque relaja profundamente y crea un clima de confianza primordial. La amorosa voz maternal sosiega al niño, le mima el alma, fortalece su cariño, le da sostén. Aparte de esto, los cuentos infantiles son historias de un mundo inocente. Hacen del mundo un hogar familiar. Además, uno de sus patrones básicos es la feliz superación de una crisis. De este modo, ayudan al niño a superar su enfermedad como si fuera una crisis.

También la mano que *narra* es curativa. Benjamin habla de la extraordinaria fuerza curativa que irradian unas manos femeninas que se mueven como si narraran: «Sus movimientos eran sumamente expresivos, pero uno no sería capaz de describir esa expresión...

1 Walter Benjamin, *Obras,* libro IV, vol. i, Madrid, Abada, 2010, p. 380.

Parecían narrar una historia».[2] Toda enfermedad revela un bloqueo interior, que se puede eliminar con el *ritmo de la narración*. *La mano que narra* libera de las tensiones, las obstrucciones y los endurecimientos. Restablece el equilibrio de las cosas, y hasta hace que *fluyan*.

Benjamin se pregunta «si toda enfermedad no sería curable con tal de que se dejara llevar por la corriente de la narración lo bastante lejos… hasta la desembocadura».[3] El dolor es un «dique de contención», que al comienzo ofrece resistencia a la corriente de la narración. Pero ese dique revienta cuando la corriente de la narración aumenta su caudal y es lo bastante fuerte. Entonces la corriente arrastra cuanto encuentra a su paso, llevándolo al mar de la feliz liberación. La mano que acaricia guía la corriente de la narración «trazándole un lecho».[4] Benjamin señala que el proceso de sanación empieza ya con la narración que el paciente cuenta al médico al comienzo del tratamiento.

También Freud piensa que el dolor es un síntoma derivado de un bloqueo en la historia de una persona. La persona no es capaz de continuar su historia. Los trastornos psíquicos denotan una narración bloqueada. La curación consiste en liberar al paciente de este bloqueo narrativo, en verbalizar lo no narrable. El paciente se sana en el momento en que *se libera narrando*.

2   *Ibid.*
3   *Ibid.*, p. 381.
4   *Ibid.*

Las narraciones desarrollan por sí mismas una fuerza sanadora. Benjamin cita los encantamientos de Merseburg, cuyo segundo conjuro sirve de hechizo curativo. Pero ese conjuro no consta de fórmulas abstractas, sino que *narra* la historia de un caballo herido al que Odín aplica su fórmula mágica. Benjamin comenta: «No es solo que repitan la fórmula de Odín, sino que *narran* la situación que provocó que él la empleara por primera vez».[5]

Un acontecimiento traumático se puede superar, por ejemplo, integrándolo en una narrativa religiosa que brinde consuelo o esperanza y así nos ayude a salir de la crisis. Pero ante acontecimientos críticos también se narran *historias de crisis,* que ayudan a superarlas integrándolas en un contexto que les dé sentido. Las teorías conspirativas cumplen igualmente una función terapéutica. Dan una explicación sencilla de las complejas situaciones que causan una crisis. Por eso, tales teorías conspirativas se cuentan sobre todo en tiempos de crisis. Ante una circunstancia crítica y delicada la *narración* ejerce *por sí misma* un efecto terapéutico, *situando temporalmente esa circunstancia en el pasado.* Relegada al pasado, ya no afecta al presente. Por así decirlo, es *archivada.*

En *La condición humana,* Hannah Arendt encabeza el capítulo dedicado a la acción poniendo como lema unas palabras de Isak Dinesen que son poco comunes: «*All sorrows can be borne if you put them into*

---

5   *Ibid.*, p. 380 (subrayado del autor).

a story or tell a story about them» («Todas las penas se pueden sobrellevar metiéndolas en una historia o contando una historia sobre ellas».[6] La *imaginación narrativa* es curativa. Si se logra dar a las penas una *apariencia narrativa,* entonces se les quita su oprimente facticidad, y pasan a ser absorbidas por los ritmos y las melodías narrativos. La narración las eleva por encima de la pura facticidad. Se *diluyen* en el flujo narrativo, en lugar de endurecerse en un bloqueo mental.

Pese a la moda del *storytelling,* hoy se está perdiendo el *ambiente de narración.* Ni siquiera a los médicos se les cuenta apenas ya nada. No tienen tiempo ni paciencia para escuchar. La lógica de la eficiencia es incompatible con el *espíritu narrador.* Solo en la psicoterapia y en el psicoanálisis quedan aún reminiscencias de la fuerza curativa de la narración. La protagonista de la novela de Michael Ende *Momo* es capaz de curar a las personas solo con escucharlas. Momo es rica en tiempo: «Al fin y al cabo, el tiempo era lo único en lo que Momo era rica». Ella dedica su tiempo al otro. El *tiempo del otro,* el *tiempo de lo distinto,* es un *tiempo entrañable.* Momo resulta ser una oyente ideal:

Lo que la pequeña Momo podía hacer mejor que nadie era escuchar. Eso no es nada particular, replicará quizá algún que otro lector, pues, después de todo, escuchar es algo que puede hacer cualquiera.

6   Hannah Arendt, *La condición humana,* Buenos Aires, Paidós, 2005, p. 199.

Craso error. Escuchar de verdad es algo que solo muy pocas personas pueden hacer. Y el modo como Momo sabía escuchar era del todo singular.

El silencio cordial y atento de Momo hace que al otro se le ocurran ideas que por sí mismo jamás habría concebido:

No porque ella dijera nada o preguntara por qué se le habían ocurrido al otro tales ideas. No. Solo se quedaba sentada y se limitaba simplemente a escuchar, poniendo gran atención y todo su interés. Se quedaba mirando al otro con sus grandes ojos oscuros, y el otro sentía cómo de pronto se le ocurrían unas ideas de las que jamás habría sospechado que pudiera albergarlas.

Momo se encarga de que el otro *se libere narrando*. Cura deshaciendo los bloqueos narrativos:

En otra ocasión, un niño pequeño le llevó su canario, que no quería cantar. Aquello resultó una tarea mucho más ardua para Momo. Tuvo que pasarse una semana entera escuchándolo, hasta que finalmente el pájaro volvió a trinar y a gorjear de nuevo.

La escucha no se centra tanto en el contenido comunicado como en la *persona* que comunica, en *quién es el otro*. Con su mirada profunda y amistosa, Momo *interpela* expresamente al otro en su *alteridad*. La escucha no es un estado pasivo, sino una actividad. *La escucha inspira la narración del interlocutor* y abre un *espacio de resonancia,* en el que el narrador se siente *interpelado, escuchado* y hasta *amado.*

También el contacto tiene una fuerza curativa. Crea proximidad e infunde una confianza primordial, como cuando se cuentan historias. Los contactos son como *narraciones táctiles,* que liberan de las tensiones y de los bloqueos que podrían causar dolor y enfermedad. El médico Viktor von Weizsäcker evoca así esta otra escena primordial de la curación:

> Cuando la hermanita ve que el hermanito tiene dolores encuentra un camino que es anterior a todo conocimiento: su mano encuentra cariñosamente el camino, quiere *tocarlo* con una caricia allí donde le duele. *Así es como la pequeña samaritana se convierte en el primer médico.* En ella opera inconscientemente un saber primitivo acerca de una eficacia primordial. Ese saber primitivo conduce su impulso hacia la mano y guía la mano hacia el contacto eficaz. Porque esto es lo que experimenta el hermanito, que la mano le hace bien. Entre él y su dolor se interpone la sensación de que la mano fraterna lo está tocando, y ante esta nueva sensación el dolor se retira.[7]

7 Viktor von Weizsäcker, *Escritos de antropología médica,* Buenos Aires, Libros del Zorzal, 2009, p. 91.

La mano que toca ejerce el mismo efecto curativo que la voz que narra. Crea proximidad e infunde confianza. Libera de las tensiones y quita el miedo.

Hoy vivimos en una sociedad en la que se evitan los contactos. Tocar presupone la *alteridad del otro,* que es lo que impide que el otro quede reducido a algo disponible. Con un objeto consumible no podemos entablar contacto, sino que lo agarramos o nos lo apropiamos. Precisamente el *smartphone,* que encarna el dispositivo digital, genera la ilusión de una disponibilidad total. Se asocia con un hábito consumista que abarca todos los ámbitos vitales. Priva al otro de su alteridad y lo degrada a objeto consumible.

La creciente pobreza en contacto nos enferma. Si nos falta por completo el contacto, nos quedamos irremisiblemente atrapados en nuestro ego. El contacto en sentido enfático nos saca de nuestro ego. Pobreza en contacto significa, en definitiva, pobreza en mundo. Nos vuelve depresivos, solitarios y miedosos. La digitalización agrava esta pobreza en contacto y en mundo. Se da la paradoja de que la creciente conectividad nos aísla. En eso consiste la fatídica dialéctica de la interconexión. Estar interconectado no significa haber creado lazos.

Las *stories* que se publican en las redes sociales, y que en realidad no son otra cosa que autorretratos o escenificaciones de uno mismo, aíslan a las personas. A diferencia de las narraciones, no crean proximidad ni suscitan empatía. Son, en definitiva, informaciones adornadas visualmente, que vuelven a desaparecer en cuanto nos hemos enterado rápidamente de ellas. No narran, sino que *publicitan*. Tratar de acaparar la atención no es manera de crear una comunidad. En la época del *storytelling* como *storyselling,* la narración es indiscernible de la publicidad. En eso consiste la actual crisis de la narración.

Comunidad narrativa

En su ensayo *Cuidadosa ubicación,* Péter Nádas habla de una aldea en cuyo centro se alza un enorme peral silvestre. En las calurosas noches de verano, los habitantes de la aldea se congregan bajo el árbol y se cuentan historias. La aldea compone una comunidad narrativa. Las historias, que comportan valores y normas, crean vínculos estrechos entre las personas. La comunidad narrativa es una comunidad *sin comunicación:* «Uno tiene la sensación de que aquí la vida no está hecha de experiencias personales [...], sino de un profundo silencio».[1] Congregada bajo el peral silvestre, la aldea se entrega a una «contemplación ritual» y refrenda «el acervo de la conciencia colectiva»: «No opinan de esto y aquello, sino que narran sin cesar una única y gran historia».[2] Al final del ensayo, Nádas comprueba, no sin lamentarlo: «Todavía recuerdo aquellas calurosas noches de estío, cuando la aldea

1   Péter Nádas, *Behutsame Ortsbestimmung. Zwei Berichte,* Berlín, Berlin Verlag, 2006, p. 11.
2   *Ibid.,* p. 17.

cantaba suavemente bajo el gran peral silvestre [...]. Hoy ya no quedan árboles elegidos, y el canto de la aldea ha enmudecido».[3]

La comunidad narrativa de la que habla Nádas es una comunidad sin comunicación, en la que reina un silencio, una armonía tácita. Se opone diametralmente a la actual sociedad de la información. Hoy ya no nos narramos historias. En cambio, *comunicamos* en exceso. Posteamos, compartimos y le damos al botón de «me gusta». Aquella «contemplación ritual», con la que se refrendaba el acervo de la conciencia colectiva, ha sido desbancada por la ebriedad de comunicación y de información. El ruido de la comunicación hace que enmudezca por completo aquel «canto» con el que los habitantes de la aldea se armonizaban en *una historia común,* y que así los hacía estar muy unidos. Esta *comunidad sin comunicación* ha sido desbancada por una *comunicación sin comunidad.*

Las narraciones generan cohesión social. Aportan sentido y transmiten valores sobre los que se puede fundar una comunidad. En eso se diferencian de aquellas otras narrativas cuyo objetivo es servir de justificación para un *régimen.* Las narrativas en las que se basa el régimen neoliberal impiden justamente que se cree una comunidad. Por ejemplo, la narrativa neoliberal del rendimiento convierte a cada uno en *empresario de sí mismo.* Cada uno ve a todos los demás

3   *Ibid.,* p. 33.

como competidores. La narrativa del rendimiento no genera cohesión social; de ella no nace un *nosotros*. Al contrario, acaba tanto con la solidaridad como con la empatía. Las narrativas neoliberales, como, por ejemplo, las narrativas de autooptimización, de autorrealización o de autenticidad, desestabilizan a la sociedad aislando a las personas. Ninguna sociedad estable se construye ahí donde cada uno celebra la misa del yo y es el sacerdote de sí mismo, ahí donde cada uno *crea y escenifica una imagen de sí mismo y se exhibe a sí* mismo.

El mito es una narración *comunitaria escenificada como un ritual*. Pero no hay solo comunidades narrativas míticas, con los acervos de sus conciencias colectivas. Las sociedades de la Modernidad, con sus narrativas de futuro, también pueden formar una *comunidad narrativa dinámica* que permita los cambios. Aquellas narrativas conservadoras y nacionalistas que se oponen a la permisividad liberal son excluyentes y discriminatorias. Pero no todas las narrativas creadoras de comunidad se basan en la *exclusión de lo distinto,* sino que también hay una *narrativa inclusiva,* que no se aferra a ninguna identidad. Por ejemplo, el universalismo radical que Kant defiende en su obra *Sobre la paz perpetua* es una gran narración que incluye a todas las personas y a todas las naciones, unificándolas en una comunidad universal. Según Kant, la paz perpetua se basa en las ideas de «ciudadanía universal» y de «hospitalidad». Según esas ideas, toda persona tiene derecho a ofrecerse a la sociedad, en virtud del derecho de propiedad comunitaria de la superficie de la tierra, sobre la cual, al ser una esfera, las personas no pueden diseminarse ilimitadamente, sino en la que, al final, tendrán que soportarse mutuamente unos junto a otros, sin que originalmente nadie tenga más derecho a estar en un lugar de la tierra que cualquier otro.[4]

A tenor de esta narración universalista, no puede haber refugiados. Toda persona debe gozar de una hospitalidad irrestricta. Toda persona es un ciudadano del mundo. También Novalis defiende un universalismo radical. Él tiene en mente una «familia universal», más allá de la nación y de la identidad, y sublima la poesía como elemento de reconciliación y de amor. Ella unifica a las personas y las cosas en una comunidad íntima:

La poesía sublima cada cosa vinculándola peculiarmente con todo lo demás [...], la poesía forma la hermosa sociedad, la familia universal, el bello hogar del universo. [...] El individuo vive en todo y todo vive en el individuo. Gracias a la poesía surge la máxima simpatía y actividad recíproca, la *comunidad* más íntima.[5]

4   Immanuel Kant, *Sobre la paz perpetua,* Madrid, Tecnos, 1998, p. 27.
5   Novalis, *Schriften, op. cit.*, vol. 2, p. 533.

Esta comunidad íntima es una *comunidad narrativa,* que, sin embargo, rechaza la narrativa identitaria excluyente.

La sociedad de la Modernidad tardía, que no dispone de suficientes reservas de narrativa comunitaria, es inestable. Sin una narración comunitaria no se genera lo *político* en sentido enfático, que es lo que posibilita la *acción común.* En el régimen neoliberal, la narración comunitaria se va desintegrando a ojos vistas en *narrativas privadas, que funcionan como modelos de autorrealización.* El régimen neoliberal impide precisamente que surjan narrativas capaces de crear comunidad. Para incrementar el rendimiento y la productividad, aísla a las personas. A raíz de ello, somos muy pobres en narraciones capaces de fundar una comunidad y que den sentido a nuestro mundo. La proliferación de narrativas privadas erosiona a la comunidad. También las *stories* que se publican en las redes sociales y que, a modo de autorretratos, hacen público lo privado, socavan la *esfera pública política,* dificultando así que se genere una narración comunitaria.

La acción política en sentido enfático se basa en una narrativa. Debe ser *narrable.* Sin narrativas, la acción degenera a acciones o reacciones arbitrarias. La acción política presupone una *coherencia narrativa.* Por eso Hannah Arendt asocia expresamente la acción con la narración:

> Pues actuar y hablar, que como ya dijimos antes están estrechamente interrelacionados en la concepción griega de la política, son, en efecto, las

dos actividades de las que al final surge siempre una *historia,* es decir, un proceso que, por muy contingente y casual que pueda parecer en sus sucesos particulares y en sus causas, sin embargo, muestra en definitiva la suficiente coherencia como para poder ser *narrado.*[6]

Hoy las narrativas son despojadas cada vez más de su carácter político. Al generar singularidades culturales, como, por ejemplo, objetos, estilos, lugares, colectivos o acontecimientos singulares, las narrativas actuales sirven sobre todo para que la sociedad se particularice.[7] Por eso no desarrollan ninguna fuerza capaz de fundar una comunidad. La acción común, el *nosotros,* se basa en una narrativa. Pero ahora el comercio se apropia cada vez más de las narrativas. El *storytelling* como *storyselling* no crea ninguna comunidad narrativa, sino que engendra una sociedad de consumo. Las narrativas se producen y se consumen como si fueran mercancía. Los consumidores no componen ninguna comunidad, ningún *nosotros.* La comercialización de las narrativas hace que pierdan su fuerza política. De este modo, incluso la moral se vuelve consumible, por ejemplo, cuando se trata de hacer más atractivos ciertos bienes adornándolos con narrativas morales, como el sello Fairtrade. Esos bienes

6 Hannah Arendt, *La condición humana, op. cit.*, p. 111 (cursivas del autor).
7 Cf. Andreas Reckwitz, *Die Gesellschaft der Singularitäten: Zum Strukturwandel der Moderne,* Berlín, Suhrkamp, 2019.

se venden y se consumen como informaciones que convierten en privilegiados a quienes los poseen. El consumo moral transmitido narrativamente no hace más que potenciar todavía más la autoestima. Las narrativas no nos remiten a una comunidad que hubiera que mejorar, sino al propio ego.

Storyselling

El *storytelling* está hoy en auge. Tanto es así, que da la impresión de que de nuevo volvemos a narrarnos más historias. Pero lo cierto es que el *storytelling* es lo menos parecido al retorno de la narración. Más bien sirve para instrumentalizar y comercializar las narraciones. Se está implantando como una eficaz *técnica de comunicación,* que no rara vez persigue fines manipuladores. Todo gira en torno a una sola pregunta: «¿cómo usar el *storytelling?*». Se equivocará quien crea que los directores de producto volcados en el *storytelling* representan la vanguardia de una nueva narración.

El *storytelling* como *storyselling* carece de aquella fuerza que distinguía originariamente a la narración. Las narraciones, por así decirlo, articulan el ser. De este modo, dan orientación y sostén a la vida. Por el contrario, las narrativas que son *producto* del *storytelling* tienen mucho en común con las informaciones. Al igual que estas, son efímeras, arbitrarias y consumibles. Son incapaces de dar estabilidad a la vida.

Las narrativas son más eficaces que los meros hechos o las cifras desnudas, porque suscitan emociones. Las emociones responden sobre todo a las narraciones. *Stories sell, las historias venden,* significa, en definitiva, *emotions sell, las emociones venden.* Las emociones se localizan en el sistema límbico del cerebro, que maneja nuestras acciones en un nivel corporal y pulsional del que no somos conscientes. Pueden influir sobre nuestro comportamiento *sin que nuestra mente se dé cuenta.* De este modo, se atajan las reacciones conscientes de defensa. Como el capitalismo se apropia intencionadamente de la narración, se adueña de la vida en un nivel previo a la reflexión. De este modo, elude el control consciente y la reflexión crítica.

El *storytelling* abarca diversos ámbitos. Incluso los analistas de datos aprenden *storytelling,* porque piensan que los datos no tienen alma. Los datos se oponen a las narraciones. No afectan a las personas. Más activan la mente que suscitan emociones. Ya hasta los estudiantes de periodismo cursan asignaturas de *storytelling,* como si tuvieran que escribir novelas.

El *storytelling* se emplea sobre todo en el *marketing.* Se utiliza para que incluso cosas sin valor se conviertan en bienes valiosos. Las narrativas son muy importantes para crear valor añadido, porque le prometen al consumidor vivencias especiales. En la época del *storytelling* consumimos más narrativas que cosas. El contenido narrativo es más importante que el valor de uso. El *storytelling* comercializa también las historias locales de los sitios. Se mercadea con las historias locales para revalorizar narrativamente los productos de esa comarca. Mientras que la historia en sentido propio funda una *comunidad* al otorgarle una identidad, el *storytelling,* por el contrario, convierte la historia en mercancía.

Entretanto, también los políticos se han dado cuenta de que las historias venden. En la lucha por acaparar la atención, las narrativas resultan ser más eficaces que los argumentos, así que se las instrumentaliza políticamente. No debe interpelarse a la mente, sino a las emociones. El *storytelling,* como técnica eficaz de comunicación política, es lo menos parecido a aquella *visión política* que mira hacia el futuro y les da a las personas un sentido y una orientación. Las narraciones políticas prometen un nuevo orden de cosas, describen *mundos posibles*. Hoy carecemos justamente de *narrativas de futuro* que nos permitan concebir *esperanzas*. Vamos tropezando de una crisis a la siguiente. La política se reduce a un modo de solucionar problemas. Solo las narraciones abren el futuro.

Vivir es narrar. El hombre como *animal narrans* se distingue del animal en que, al narrar, realiza nuevas formas de vida. En la narración anida la *fuerza de los nuevos comienzos*. Toda acción transformadora del mundo se basa en una narración. El *storytelling,* por el contrario, no conoce más que una sola forma de vida, que es la consumista. El *storytelling* como *storyselling* es incapaz de proyectar formas de vida totalmente distintas. En el mundo del *storytelling* todo se reduce al consumo. Eso nos vuelve ciegos para otras narraciones, para otras formas de vida, para otras percepciones y realidades. En esto consiste la crisis de la narración en la época del *storytelling*.